Scoprire i Giochi Gratuiti Online

Disponibile Qui:

BestActivityBooks.com/FREEGAMES

5 CONSIGLI PER INIZIARE

1) COME RISOLVERE LE PAROLE INTRECCIATTE

I puzzle hanno un formato classico:

- Le parole sono nascoste senza spazi o trattini,...
- Orientamento: Le parole possono essere scritte in avanti, indietro, verso l'alto, verso il basso o in diagonale (possono essere invertite).
- Le parole possono sovrapporsi o intersecarsi.

2) APPRENDIMENTO ATTIVO

Accanto ad ogni parola c'è uno spazio per scrivere la traduzione. Per incoraggiare l'apprendimento attivo, un **DIZIONARIO** alla fine di questa edizione vi permetterà di controllare e ampliare le vostre conoscenze. Cerca e scrivi le traduzioni, trovale nel puzzle e aggiungile al tuo vocabolario!

3) SEGNARE LE PAROLE

Puoi inventare il tuo sistema di segni. Forse ne usi già uno? Per esempio, puoi segnare le parole difficili da trovare con una croce, le parole preferite con una stella, le parole nuove con un triangolo, le parole rare con un diamante, e così via.

4) STRUTTURARE L'APPRENDIMENTO

Questa edizione offre un **TACCUINO** alla fine del libro. In vacanza, in viaggio o a casa, puoi organizzare facilmente le tue nuove conoscenze senza bisogno di un secondo quaderno!

5) AVETE FINITO TUTTE LE GRIGLIE?

Nelle ultime pagine di questo libro, nella sezione della **SFIDA FINALE**, troverete un gioco gratuito!

Facile e veloce! Dai un'occhiata alla nostra collezione di libri di attività per il tuo prossimo momento di divertimento e **apprendimento,** a portata di clic!

Trova la tua prossima sfida su:

BestActivityBooks.com/MioProssimoLibro

Ai vostri posti, pronti...Via!

Sapevi che ci sono circa 7.000 lingue diverse nel mondo? Le parole sono preziose.

Amiamo le lingue e abbiamo lavorato duramente per creare libri di altissima qualità. I nostri ingredienti?

Una selezione di argomenti adatti all'apprendimento, tre buone porzioni di intrattenimento, una cucchiaiata di parole difficili e una spolverata di parole rare. Li serviamo con amore e entusiasmo in modo che tu possa risolvere i migliori giochi di parole e divertirti imparando!

La vostra opinione è essenziale. Puoi partecipare attivamente al successo di questo libro lasciandoci un commento. Ci piacerebbe sapere cosa ti è piaciuto di più di questa edizione.

Ecco un link veloce alla pagina dell'ordine:

BestBooksActivity.com/Recensione50

Grazie per il vostro aiuto e buon divertimento!

Tutta la squadra

1 - Salute e Benessere #2

```
I N F E C T I O N I M A T I V Q
I L W E T I T E P P A N R D L V
B E A T H A C H A D H A P W D R
X W E N O I T S E G I D L T E H
I Q O I J N T C R R U K Q U A Y
G M D À N E J H D A R H M O C G
A E A L V M W L A D I P S O I I
L I N S P Q D V I X V Y I W X E
L R J E S D Z Q T J A R Z H W N
E O U A T A S N H G I U N R U E
R L P N M I G S E L H Z S I M B
G A M A Q Y C E A L Ù T H A B F
Y C F T V S K S D D U B H L J Z
Z L R O H H K Q G L V Q T A E O
L U U M Z O F Y F O E Z P G B B
T J S Y D E H Y D R A T I O N H
```

ALLERGY
ANATOMY
APPETITE
CALORIE
COMHRADH
DAITHEAD
DIGESTION
DEHYDRATION
LÙTH
GENETICS

HYGIENE
INFECTION
GALAIR
MASSAGE
BEATHACHADH
OSPIDAL
URNUIGH
DUBH
SLÀINTE
VITAMIN

2 - Aggettivi #2

```
A  I  E  L  E  G  A  N  T  I  O  C  N  C  E  À
N  I  G  W  L  D  A  K  O  M  G  G  R  R  U  B
Z  A  N  G  U  M  R  W  H  W  C  R  A  U  K  H
Ù  S  O  M  E  X  O  À  E  S  S  X  B  T  D  A
R  G  R  Y  E  C  T  E  M  I  U  N  H  H  K  I
B  P  T  E  T  I  G  V  K  A  L  T  I  A  I  S
U  G  S  U  N  Z  L  I  C  V  Q  E  T  C  S  T
B  B  I  U  I  J  J  T  E  E  W  S  H  H  A  E
O  L  K  J  À  O  R  P  P  C  K  S  A  A  L  A
F  L  B  L  L  Y  I  U  Z  B  G  R  I  T  C
Z  V  Z  I  S  P  Y  R  O  Ì  F  Ì  R  L  Y  H
R  A  Q  H  L  D  K  C  L  T  K  T  A  A  O  F
A  E  M  B  R  E  W  S  K  H  J  H  D  X  P  X
I  N  N  T  I  N  N  E  A  C  H  U  À  J  W  L
A  C  X  X  G  D  I  D  U  O  R  P  N  W  J  H
L  C  F  R  E  A  G  R  A  C  H  Y  B  W  D  C
```

FÌOR
HOT
CRUTHACHAIL
DESCRIPTIVE
SWEET
DRÀMA
ELEGANT
AINMEIL
STRONG
INNTINNEACH

NÀDARRA
ÀBHAISTEACH
ÙR
PROUD
A BHITH A
EILE.
FREAGRACH
SALTY
SLÀINTE
SGÌTH

3 - Ingegneria

```
L O H S E U T A N M K G L N L R
E E R R E B D Z R E E Q H O N Z
S S V A I A H T I H B A E I H K
E A Y E N I S C G Y Y N S T W N
I V R G R C T M C D J N Q A K L
D K Z G À S O N H F I E I L D L
I F A T E K G R N A I N V U N H
U C O S C L A B F F C I Q C E M
Q R P N T J I D P X U H O L A O
I B D C H M L W I S H C D A R L
L T R A S T T H O M H A S C T A
D Ù T H C H A S U V Y M X D Q D
N F I Z B B S T R U C T A R Q H
D I A G R A M O F I D Q L Ù T H
W B E X Z B D E E N L U D U H D
J E K O M Y O F X L S J N V R W
```

CEÀRN
CALCULATION
TOGAIL
DIAGRAM
TRAST-THOMHAS
DIESEL
DÙTHCHAS
LÙTH
NEART
GEARS

LEVERS
LIQUID
MACHINE
MEASADH
CO
A BHITH A
MOLADH
SEASMHACHD
STRUCTAR

4 - Archeologia

```
U D E S C E N D A N T R M F F R
F R X L S K Q O D L Y I I O U A
O V N P Y E I U K V Q T O S I N
R A O U U I E S C G D B N S G N
G W I O I M Y S T E R Y S I H S
O F T E S G E K A S K E G L I A
T F A X I F H J B N Y N R I L C
T R S I P M T Z O X H M Ù A L H
E F I L I C Q V I C K D D X Q A
N M L A K N T Q G X N Q A Y R D
U W I T L À E O S R F K D I S H
V A V P T M M Y X D J Q H J L E
S A I Y Z H P M E A S A D H X B
X Q C G N A L I X I G T P J O W
N E S U H N E E Ò L A I C H E Y
R T A N A D U R R E L I C R A P
```

MION-SGRÙDADH	RUDAN
BLIADHNA	CNÀMHAN
CIVILISATION	RELIC
FORGOTTEN	RANNSACHADH
DESCENDANT	URNUIGH
EÒLAICHE	SGIOBA
FOSSIL	TEMPLE
FUIGHILL	UAIGH
MYSTERY	MEASADH

5 - Salute e Benessere #1

```
R E F L E X C S À I R D E O O B
M Q Z S C W V Ò D T M F U M G A
B U A E U U C X M C F R E Z W C
B T M V X W H L C H D I O A L T
P H A R M A C Y I N R J L F A E
I M U E S Z G N S O À A G A K R
S K I N O I N I S F N M D J N I
A M W A L B Ì R E I Z A H H X A
E W Q C A A O I N S L W I A D H
H Y A R R V M D O C T O R G N J
G H P A A I H W M C V D V E Ù M
I N R S N R A E R U T C A R F R
E N X Y T U C K O C X K L U X D
L N M G R S H R H E U V E D U P
M U S C L E S T K P D W Ò F L N
T F R K K G I R D D B S N B E C
```

LAOIDH	MUSCLES
ÀIRDE	NERVES
GNÌOMHACH	HORMONES
BACTERIA	CNÀMHAN
CLIONAIG ÙR	SKIN
ACRAS	REFLEX
PHARMACY	SOLARAN
FRACTURE	LEIGHEAS
LEÒN	CÒMHRADH
DOCTOR	VIRUS

6 - Aggettivi #1

```
H Q A D H A R T A C H N I H T W
A Y F Y A F U I G I C E J O F M
P K K C B F O R M T A O I N P E
P A V B R B Y Z W A M C P E E D
Y Z D E G L Z M K M O H K S X B
H E A V Y M Y Y Ò O R I X T A G
G N Ì O M H A C H R D O P L S F
Ò V C K M D F O T A U N V U Y V
S R S W F A U A A H C T A A L N
M W V G Y L M N M R D A L C T W
A D E J W O S L U B E C A H S L
T O E O D M D C G A E H O T Z O
S U I J A L B I H J N O I S P P
V Z U Y Q D U J H U S S D I E O
W I D K J B J F U Q I Y H E K L
P E R F E C T S U K G D M M I B
```

ADHARTACH
AROMATIC
GU MATH
GNÌOMHACH
MÒR
MOLADH
HAPPY
CHUID
ÒG
CUDROMACH

NEO-CHIONTACH
LAOIDH
FAD
HONEST
PERFECT
HEAVY
LUACH
DEEP
THIN

7 - Geologia

```
L  S  E  T  I  M  G  A  L  A  T  S  G  S  Q  D
T  A  A  V  A  L  C  A  V  E  R  N  E  T  U  F
M  H  O  L  E  D  J  C  X  P  F  C  Y  A  A  Z
U  È  D  I  A  R  A  C  K  N  T  O  S  L  R  T
I  A  I  S  D  N  E  T  L  O  M  R  E  A  T  J
C  J  C  N  I  H  N  U  U  N  R  A  R  C  Z  X
L  C  A  N  N  K  O  Y  G  A  C  L  K  T  S  K
A  H  R  I  H  I  Z  J  U  C  R  Z  U  I  J  B
C  C  À  A  D  T  R  O  W  L  T  P  U  T  Q  O
D  R  L  T  I  E  X  E  F  O  C  D  N  E  L  T
S  Y  H  N  O  Z  F  O  A  V  M  P  M  Z  L  Z
I  S  C  A  D  Q  J  R  Q  N  J  W  H  H  L  G
G  T  D  E  F  O  S  S  I  L  H  Z  B  N  U  W
I  A  R  L  X  T  Q  Y  C  N  L  C  T  O  L  W
J  L  À  '  U  W  A  E  W  P  C  H  K  Y  R  A
W  S  M  A  H  F  T  Y  N  V  F  Q  U  D  M  W
```

ACID
ÀRD-CHLÀR A'
CALCIUM
CAVERN
A 'LEANTAINN
CORAL
CRYSTALS
FOSSIL
MOLTEN
GEYSER

LAVA
MÈINNIREAN
CARAID
QUARTZ
SALANN
STALAGMITES
STALACTITE
LAOIDH
VOLCANO
ZONE

8 - Campeggio

```
U U A V C W M L L T U T A D A H
A D Y N H Q J Z Q J I E I À I A
O U I B W S U B M F C I N N R M
H D E K A L U C X Y Y N M A A M
F O R E S T S P Ò R S E E C M O
B Q I U M H M C K E U X A H H C
L A O B T D D H A G J E C D A K
V M M L C A P F Q N X M H Y P V
R Ò P I T R N O O M O H A O A V
S T E N T M D A S C N E D Q M M
L E H X L O A N Q F T W H B L F
C G A E Z I C R A O B H A N F Y
O R M L I H R M X H I W K I V C
X Q W X G W T T Y M U Z X B R M
P K L P V P Y X X J B T W A U U
P X H K L Z L U D W J C U C S N
```

CRAOBHAN   SPÒRS
HAMMOCK   FOREST
AINMEACHADH   TEINE
DÀNACHD   DH'
IOMRADH   LAKE
CABIN   MOON
SEALG   AIR A ' MHAPA
CANOE   MOIRE
AD   NATUR
RÒP   TENT

9 - Tempo

```
M O B A N D È F A P P W Y A C S
C I H L I E N A H C R B Y N L E
L D J F I D T P Q V J E F D O A
A H S R M A N H D A I L B I C C
O C D F A E D I A N O I M U J H
M H D J D H H H S G Q C D G N D
O E Q S A C C Z N Z T M W H R A
H F G U I I A H T A L X J G L I
M K N M N E E Q V Z I K E I E N
A L G Ì N D T K B J K L I A T G
V Z D O X O I Q B L I N N N L J
Q I N S U M R B Q A R I I R N H
F F R L T U M F U D W À R U L A
J D U A I R À L P J Y H L Q I T
M Ì O S A C H A N U A M U K K G
B A G L E L W N T G S A X H S S
```

BLIADHNA
BLIADHNAIL
MÌOSACHAN
DEICHEAD
A-MHÀIN
ÀM RI TEACHD
LATHA
AN-DÈ
MADAINN
MÌOS

CHAN EIL
MIONAID
OIDHCHE
AN-DIUGH
UAIR
CLOC
URNAIGH
MUS
LINN
SEACHDAIN

10 - Astronomia

```
R S B I Y O B X N E B U L A X V
A O D U J I P L O Z Z A Z O E Z
K M C P F Z E O O G R K C B B S
S S O A F S U L M G W C E X J D
K O Q V I D H U J G P R Ì O M H
Y C Q X V D I O R E T S A N A C
U Z N Y G R A V I T Y X U I S A
Y R H Y X S T E P H E N S U T E
A N T A L A M H T U B J L Q R H
P L A N E T L K S F B T V E O D
L S Z N D F J A M E T E O R N I
X E A W O L L H G I U N R U O D
C O N S T E L L A T I O N U M I
O B S E R V A T O R Y F B U E È
E R C H S K D I P N J P T N R R
H E P J U W D P S Y J M I D F F
```

ASTEROID
PRÌOMH
ASTRONOMER
SKY
COSMOS
CONSTELLATION
EQUINOX
GALAXY
GRAVITY
MOON

METEOR
NEBULA
OBSERVATORY
PLANET
RÈIDIDHEACHD
ROCAID
STEPHENS
LE
AN TALAMH
URNUIGH

11 - Algebra

```
L O I D H N E A C H L I F F D L
V L C N S M À I R E A M H G U W
I N F I N I T E I S H R B S I G
G U R N U I G H G L B C S C L W
P R D I A G R A M A A G D M G X
A T A C P A O L K F I W Q U H W
R E A F F A C T O R D I H O E B
E N M G Z K C H G K X I R T A M
N V H S F Q V B L I P N A R D C
T Z I Y A R Q C O B R O L I A A
H M G U N T A C I M U E T A S T
E N K T O W A C I L T N A G M O
S A T N A R A B T T E O I A X G
I K X S G T A K D I H Z C E Q C
S E A S P O N A N T O B D R L W
C U M S I M P L I D H N S F O N
```

DIAGRAM
URNUIGH
EASPONANT
FALSE
FACTOR
DIABHAL
FRACTION
GRAF
INFINITE
LOIDHNEACH

MATRIX
ÀIREAMH
PARENTHESIS
DUILGHEADAS
MEUD
CUM SIMPLIDH
FREAGAIRT
BARANTAS
NEONI

12 - Piante

```
C R M A Y D D D E F A M F L X G
V A M H S H Y O D M Q C O P M M
S F C M H L H D I A R Ò L F A B
A M V T B I B M C R T I I F L U
V U R N U O V J V V O Ù A X A E
C R O O T S T Y R R E B G A O Y
C Ù E E S J Q A W W E M E B I Q
U L E T E Q O U N A R A T E D E
K F Z R R H I N X Y T B F A H T
R O F H O R E L P E T A L N E B
E J O T F N Y U M G F N B E S Y
Y Y N M B U S H Z I M F G D P D
D N O R H T K W H M O C Y R F V
D K U S F À S A R G S J M A A M
F E R T I L I S E R S S T G V G
V W D T X N T A O Q D D V V C F
```

TREE
BERRY
BAMBÙ
BOTANY
CACTUS
BUSH
FÀS
IVY
GRAS
BEAN

FERTILISER
FLÙR
FLÒRAIDH
FOLIAGE
FOREST
GARDEN
MOSS
PETAL
ROOT
LAOIDH

13 - Spezie

```
L F T U R M E R I C N C D X C M
D I L R D W S W E Y C A O D O E
H Z C A L L I N A V O R D W R O
Y Y I O V N N I N Q Y D X Q I D
O M C K R O A M M P K A O C A H
S N N B W I R U G I S M P P N C
X Y I S N H C C J O M O Z N D I
T A Z O N I N E L B W M Z N E C
C K V L N O R F F A S B W Z R U
C I N N A M O N E R E R Q V B R
M R P D L D J W N U T M E G I R
E P Z Z A W L R O E E C H G T Y
Z A Q I S Q Y F P I E Q R X T I
I P G I N G E R M K W P J H E S
F E N N E L I N O K S J E C R F
J B K I V O N H R G W O K C V J
```

BITTER
ANISE
CINNAMON
CARDAMOM
ONION
CORIANDER
CUMIN
TURMERIC
CURRY
SWEET

FENNEL
FLAVOR
LICORICE
NUTMEG
PAPRIKA
PIOBAR
SALANN
VANILLA
SAFFRON
GINGER

14 - Numeri

```
P D W H C H E R M D G N T B N Z
G G I J Ì F E R S I X T E E N J
U L O T R D E I C H L Y B J A F
E I G H T E E N O C H D A B G H
D D U D H À D H E U G A C W U P
Ì I E G C Z F S F C S E Ò I E A
R Q D C N N N B Y Z E H I O D V
T M D W I A R X R W A C G D N P
H V H D U M O O I L C I R K E P
I C C I A Q A I H W H F S T O W
F D A Y G P C L T M D X U F N A
C W E C E I T H I R D E U G I G
U T S N A O I D E U G N H D À H
H R J E K J P L C T I H V D S O
M K N U E V E X Y I M G R V R U
K U K R G T S A F Q J B O R Z V
```

CÒIG   CEITHIR-DEUG
DECIMAL   CEITHIR
NAOI-DEUG   DEUG AN
SEACHD-DEUG   SIXTEEN
EIGHTEEN   SIA
DEICH   SEACHD
DHÀ-DHEUG   TRÌ
DÀ   TRÌ-DEUG
NAOI   FICHEAD
OCHD   NEONI

15 - Cioccolato

```
E R I H X M L H Y F B U X G U Q
T N A D I X O I T N A I I G R A
C Y T A P N L W S M S Z T T N M
A N S L M E G C A C A O U T L W
L T A O U F A R X K L W N L E L
O X L M J Q S N E A O J O P M R
R F B Y H H I U U D C B C B A K
I S W E E T Ù I J T I E O S R R
E R J S P L C B N A S E C M A E
S Y J S Y L A L H N N A N F C C
E F N O X O I L L T J N Z T G I
F M Q V Z Z R B K Z L W Z S K P
K O A L W Z O L T I Y I K O B E
I P P S K A X E B T Y F C D K F
F U V C À I L E A C H D O K K V
K Q B L A S A G N G A I M L A I
```

BITTER
ANTIOXIDANT
PEANUTS
CACAO
CALORIES
COLA
CARAMEL
BLASTA
SWEET

MOLADH
BLAS
INGREDIENT
COCONUT
JUMP
CÀILEACHD
RECIPE
SIÙCAIR

16 - Immigrazione

```
F  S  U  I  D  H  E  A  C  H  A  D  H  G  G  P
Z  R  Q  Q  N  T  O  I  F  I  G  E  A  R  O  R
T  T  E  A  I  D  S  T  R  E  S  S  R  T  M  Ò
Q  N  N  A  L  C  M  U  J  F  X  W  A  S  I  I
O  O  Z  F  G  X  X  V  H  N  L  O  T  D  B  S
Y  Ì  L  K  O  A  O  Q  D  A  O  N  T  A  J  E
I  D  E  N  F  O  I  N  A  H  C  O  Ì  R  C  A
N  L  I  X  B  G  D  R  R  G  G  W  I  A  R  S
B  S  R  R  U  V  A  H  T  A  L  N  N  A  E  C
H  G  A  L  I  K  S  F  L  W  Q  W  B  M  O  F
I  R  S  H  D  A  H  C  A  N  Ò  E  N  A  I  W
C  M  L  T  W  Z  N  A  N  À  C  H  K  O  I  C
H  I  Q  Y  A  W  S  A  O  R  E  K  T  I  I  E
Y  A  H  W  V  I  T  B  C  A  J  I  X  N  M  A
A  U  T  H  P  G  G  X  Y  H  P  V  M  M  W  Q
Z  N  I  V  J  Q  E  H  F  Y  D  V  A  C  E  V
```

INBHICH
AID
TAIGH
RIANACHD
AONTA
CLANN
CONALTRADH
MAOIN
CRÌOCHAN
LAGH

CÀNAN
PRÒISEAS
DÌON
CEANN-LATHA
SUIDHEACHADH
FREAGAIRT
STRESS
NEÒNACHADH
OIFIGEAR

17 - Guida

```
N  I  S  V  X  V  T  W  H  K  C  À  R  O  G  S
A  Y  L  I  A  N  U  T  V  V  B  O  H  B  A  À
G  D  S  O  S  V  B  B  U  N  S  E  Q  X  S  B
A  O  Q  Y  U  D  A  H  T  A  R  R  E  I  U  H
O  W  T  P  S  R  I  P  R  I  F  X  L  U  B  A
I  X  V  T  X  S  S  X  A  R  K  T  C  S  R  I
T  O  Z  X  O  J  T  B  N  T  U  A  Y  E  Y  L
H  W  E  W  F  T  E  N  N  S  B  P  C  K  G  T
E  T  E  H  W  J  Z  R  U  E  G  A  R  A  G  E
M  C  O  N  N  A  D  H  H  D  I  H  O  R  F  A
X  B  P  C  X  C  V  D  C  E  A  M  T  B  I  C
C  E  A  D  E  C  I  L  O  P  F  A  O  M  G  H
G  B  Z  Y  B  F  R  G  H  W  A  R  M  C  A  D
Y  S  H  K  A  B  R  O  B  N  R  I  Q  B  P  H
C  Ò  M  H  D  H  A  I  L  U  T  A  S  N  E  E
L  R  D  W  J  J  E  J  H  V  D  G  P  O  S  B
```

CÀR	CO
BUS	PEDESTRIAN
CONNADH	BHO CHUNNART
BRAKES	POLICE
GARAGE	SÀBHAILTEACHD
GAS	RATHAD
TUBAIST	TRAFAIG
CEAD	CÒMHDHAIL
AIR A ' MHAPA	TUNAIL
MOTORCYCLE	NA GAOITHE

18 - I Media

```
D S R Y N M A L H G O F P F K S
A I W H D A R T L A N O C N M C
L Z D Q L O U M D Y Q K R K V O
Ì D R S I I S B K J G E K O K M
O E A V E N H D I O L R I A I U
N A D D W A B R S T S F K Y R N
R L I R F F T E P Z D E Z B I N
A B O N K V Z A A Z V E L E S A
Q H C A L B O P C C M K X A E J
Z A S E I Y Y V E H H C Z C A Q
Z N H D A H C A S A E D X H N B
Y G P X D U O D L X Y L A D N L
D A L I A D H C A E L T N N I G
M I C W N G N Ì O M H A C H A S
O V O A O F I O S R A C H A D H
C N P U I A O N A I R B X W C J
```

BEACHDAN
COMUNN
CONALTRADH
DIDSEATACH
DEASACHADH
FOGHLAM
FIOSRACHADH
MAOIN
DEALBHAN
AONAIR

GNÌOMHACHAS
INNTLEACHDAIL
IONADAIL
AIR-LOIDHNE
BEACHD
POBLACH
RADIO
LÌONRA
IRISEAN

19 - Sport

```
A H O P F V F Q C W H B C Z K V
B A S E B A L L O K O G A D D I
A I H T D U I S I M C F I Q D G
J I X E T S O G D R A E T I È R
U V P L M Q G I S E I J U F Q H
F A I H K W O O E Y D S I S R C
S Z H T L S Z B C A H C B Q F J
E R S A D A S A U L G Z A I W P
E D N O B N Y R T P Q C L L B G
E A O Y L A Z G G A R K E S Q B
U C I L P E P R O E G B N W H V
W G P R O T H A I R A H I O E Y
G Y M N A S I U M Q J M A Q I N
T H A T H A R Z H H C K A I C D
S W H D H E I R E A D H H Q D Z
Y S C I T S A N M Y G D T Y T H
```

COIDSE
RÈITEAR
ATHLETE
BASEBALL
THATHAR
ROTHAIR
CHAMPIONSHIP
GYMNASTICS
PLAYER

GEAMA
GOILF
HOCAIDH
GLUASAD
GYMNASIUM
SGIOBA
DHEIREADH
TEANAS
TAGHAIDH

20 - Caffè

```
L  A  Q  O  L  Z  S  Y  V  X  F  E  T  B  X  Z
U  P  H  I  R  I  Z  J  K  J  N  I  G  I  R  O
H  T  K  Z  J  S  Q  Q  X  P  N  H  Q  T  I  R
E  H  E  M  J  O  E  X  Q  O  N  X  S  T  A  M
D  P  P  M  R  N  Y  L  S  B  D  G  Q  E  C  W
U  U  E  F  L  A  V  O  R  A  V  U  K  R  Ù  P
R  D  Q  D  P  R  I  S  C  I  T  D  B  H  I  K
C  A  F  F  E  I  N  E  C  N  S  N  V  H  S  B
Y  A  P  A  Q  Y  U  K  Q  N  H  I  A  J  B  F
C  Z  E  L  I  Q  U  I  D  E  D  R  U  R  P  Z
Q  J  I  M  C  R  E  A  M  S  G  G  I  S  A  J
M  A  D  A  I  N  N  D  J  C  U  M  S  D  M  B
C  R  I  A  T  H  R  A  G  U  U  P  G  E  H  I
Y  Z  U  W  I  D  K  W  I  X  R  P  E  O  D  M
M  D  Y  I  V  G  H  J  E  G  X  Z  A  C  I  U
D  A  Y  X  R  U  I  R  N  K  V  K  F  H  Z  D
```

UISGE
BITTER
DEOCH
CAFFEINE
CREAM
CRIATHRAG
FLAVOR
BAINNE
LIQUID

GRIND
MADAINN
DUBH
ORIGIN
PRIS
CUPA
BARANTAS
SIÙCAIR

21 - Uccelli

```
V C C P P H H F U G M M C T D B
E X S J E L G A E U N Z R V C F
R J Y N A C U O T L M B D F S C
G A E P C R A E C L T Y R V D U
O B V T O R R A P H C I R T S O
O N O E G I P M R A L U V G T Y
S V D O N U V M O W Q U H X U C
E V E A L A R E F K R O T S N E
B A S I K L Q O G L Y T J W N P
C O H M A E P S W Y A X I M A S
R J W T B N E S M H S M F L G X
G D D T J W L N T F V B I Z T D
W K I H Q I I V F N U C P N O T
L T P U S H C N W K L W B U G B
T E I W Z M A C H U T H A G D O
K W V U F J N J Z F U T O Z F W
```

TUNNAG
EAGLE
STORK
EALA
DOVE
RAVEN
CHUTHAG
HAWK
FLAMINGO
GULL

GOOSE
PARROT
EMMA
PEACOG
PELICAN
PIGEON
CEARC
OSTRICH
TOUCAN
UGH

22 - Giorni e Mesi

```
N A H C A S O Ì M M D W P R D C
U N I A D H C A E S Ì R Y S I A
K D F V E Q Y W Y A D O P A D N
Z À F S T W G A R B L U S N Ò T
I M S I D B L I A D H N A L M S
P H Q T R I À M I D U A D Ù H U
V A Z P E P L C U A Y N I N N L
A I W Q O T M U W X C D C A A T
T R À M M A U Y A G O Ù I S I A
A N G E A R R A N I B B A T C I
A G H I B L E A N G N H D A H N
D I S A T H A I R N E L A L Q P
A A N T S A M H A I N A I J M T
A N T Ò G M H I O S U C N T Z M
A N T I U C H A R V R H C S G K
B G S I E N I O A H I D M I C H
```

AN LÙNASTAL
BLIADHNA
A 'GHIBLEAN
MÌOSACHAN
AN DÙBHLACHD
DIDÒMHNAICH
AN GEARRAN
AN T-ÒGMHIOS
AN T-IUCHAR
DILUAIN

DIMÀIRT
AM MÀRT
DICIADAIN
MÌOS
AN T-SAMHAIN
AN DÀMHAIR
DISATHAIRNE
AN T-SULTAIN
SEACHDAIN
DIHAOINE

23 - Casa

```
L G T K U O Z M M K U H H J C A
T E P D O A H O R H Y C W Y O C
Z S A R O D G L S E Ò M A R B H
F P J B V F I A A T T I C T R I
H P A Z H O U D U X E M Y P A D
G R Q I K A N H F D L S F M T S
A V B Q N X R V P E U A J F Z I
R U K F Y T U L G B A X Z D D N
A A Q Z T E C U A F N N Y L S E
G H L M Y A P O X N X I S D F D
E J K À O L S J P E N À B A T R
B I Y X R L L A M P A H Y G R A
A X W K R A Q Y D E S M B Z Y G
L W N P H C A L L U M A Y Z B J
L N P H E H C E I L T E H V W D
A B R O O M X R D H K F I I N P
```

ATTIC
LEABHARLANN
SEÒMAR
TEALLACH
A ' CHIDSIN
A-MHÀIN
URNUIGH
GARAGE
GARDEN
LAMPA

BALLA
LÀR
DORAS
FEANSA
FAUCET
BROOM
CEILTE
MOLADH
BRAT
MULLACH

24 - Fantascienza

```
T T L E A B H R A I C H E A N M
S E E A L C Y V M U Y B J D E Y
A I T N T J D O E X X L T W W S
O N T Q A O L N N G A L A X Y T
G E J X C L M O I S E J I H X E
H H U B T C P I C X E L I R À R
A D S A N U T S C L P X I I I I
I A Y U F U T U R I S T I C R O
L H O S K A H L S E E Q Z C D U
U D R U T G I L Q N V Y V P E S
T A A X T O Z I Q N Q U N G G X
O E C N D A P Y R I U G Y Y U R
P R L H F L C I L O R X Q S D Z
I P E Z O O A F A G R O B O T S
A S I T W F Y F P S O N W W M T
I M A G I N A R Y O A C S W N E
```

ATOMIC	ILLUSION
CINEMA	IMAGINARY
DYSTOPIA	LEABHRAICHEAN
SPREADHADH	MYSTERIOUS
ÀIRDE	T-SAOGHAIL
SGOINNEIL	ORACLE
TEINE	PLANET
FUTURISTIC	ROBOTS
GALAXY	UTOPIA

25 - Città

```
G  À  R  R  A  D  H  J  Y  T  E  P  R  U  L  L
W  H  B  P  I  M  I  J  W  B  H  I  N  H  V  E
K  B  N  I  T  O  G  G  M  H  N  E  K  D  W  A
T  H  X  V  B  S  M  O  X  N  X  B  A  Y  M  B
I  A  P  L  W  Y  I  W  O  D  V  H  M  T  D  H
G  M  I  V  P  H  A  R  M  A  C  Y  E  T  R  A
W  A  E  G  N  T  C  Ò  O  J  U  A  N  A  Ù  R
H  R  D  E  H  E  C  T  Q  L  S  E  I  I  G  L
A  K  H  N  T  F  H  S  Z  I  F  Q  C  G  I  A
I  E  E  Y  Ù  S  U  S  L  O  H  B  D  H  A  N
R  T  I  G  H  F  A  I  Q  G  C  Q  G  Ò  N  N
P  H  R  F  B  H  R  H  N  S  X  Z  G  S  O  A
O  E  E  E  R  E  S  J  W  E  Y  T  R  T  I  B
R  Z  A  G  Ò  U  R  N  U  I  G  H  G  A  L  D
T  Z  D  T  M  B  O  O  K  S  T  O  R  E  C  V
Y  C  H  I  B  H  N  A  H  E  G  U  R  V  Y  M
```

AIRPORT	MARKET
BAN	STÒR
LEABHARLANN	TAIGH-FUINE
CINEMA	SGOIL
CLIONAIG ÙR	DHEIREADH
PHARMACY	MÒR-BHÙTH
FLORIST	THEATR
GÀRRADH	URNUIGH
TAIGH-ÒSTA	SÙ
BOOKSTORE	

26 - Fattoria #1

```
M  B  W  Q  D  T  Z  A  N  F  N  Z  N  J  S  B
I  U  H  W  O  C  E  C  I  R  L  O  Ì  S  P  H
C  X  C  À  N  R  W  A  W  G  I  O  E  S  Y  Y
C  P  F  I  K  A  N  S  C  Z  M  A  C  L  D  T
B  I  E  T  E  E  B  N  L  H  D  A  H  C  A  H
M  I  W  E  Y  C  U  A  D  E  T  S  M  X  D  T
F  Q  L  A  A  L  R  E  S  I  L  I  T  R  E  F
Y  W  A  C  H  P  T  F  G  N  C  Y  U  B  F  O
Q  Q  M  H  M  C  X  O  Q  M  D  U  C  X  C  X
M  L  B  A  E  P  U  T  N  J  Z  K  U  W  W  J
F  E  G  S  I  U  F  L  T  M  V  L  B  F  A  F
E  G  F  B  M  W  N  T  Z  U  S  I  I  Z  P  O
D  I  I  S  C  A  T  N  E  P  F  C  Q  E  Z  Q
A  K  V  J  K  K  S  W  O  K  T  A  M  E  D  O
P  F  J  Q  I  C  Ù  Z  L  P  Q  E  Q  D  Q  B
L  A  O  G  H  M  Z  T  T  U  E  H  O  X  M  E
```

UISGE
ÀITEACHAS
BEE
DONKEY
ACHADH
CÙ
SEO
EACH
FERTILISER
HAY

CAT
FLOC
MUC
MIL
COW
CEARC
FEANSA
RICE
SÌOL
LAOGH

27 - Psicologia

```
D U N L P Z N C V U G S C X E O
Z U H E G I Ò H A D U G O P Q O
X N O I T A S N E S C C G E M X
Q N Q G O C T M M L W E N A E H
B A G H E F H A A U N O I R A G
D E R E A F G J R E A A T S S S
C C T A H G U L V X R N I A A A
M L Q S N C O I F R E D O W D D
C E I R T S H M Ò C H E N U H A
A Q L N G W T G I Ù L A N G U E
V M L F I F I O S R A C H A D H
H W B Y H C B E A C H D A N C G
O F L O S S A E M O T I O N S L
N C W J P M F L X C L O G H N I
C U I M H N E A C H A I N N Q U
S U B C O N S C I O U S P X H D
```

CLINICAL
COGNITION
GIÙLAN
CÒMHSTRI
EGO
EMOTIONS
BEACHDAN
A H-ÒIGE,
THOUGHTS
CEANN

PEARSA
DUILGHEADAS
FIOSRACHADH
CUIMHNEACHAIN
SENSATION
DREAMS
SUBCONSCIOUS
LEIGHEAS
MEASADH

28 - Paesaggi

```
E G G Y Q S S Q V G G J C F Y E
S N I T Q E U V A E L L V T U X
M J Y B O H V Z L Y A V D S Q O
O O A S I S P Q L S C A A M Z X
U R H C I U S P E E I A F T F L
N A B H A I N N Y R E T V L A P
T O U N N T L L A F R E T A W Z
A G R E B E C I V O L C A N O Q
I M D W R I P Y A N Y V L W H Z
N G L E D S M M L P P H M A U P
B A I E S E Y T K T M C E L O I
Z B H I Z E C R N S E A M W C H
M F Q L Y R R T R M K E W H E I
N G W E J F V T P X A B U S A L
R Z A A T U N D R A L S Q X N L
W Q L N Y N S X T V R L X S U Y
```

WATERFALL
HILL
DESERT
ABHAINN
GEYSER
GLACIER
UAMH
ICEBERG
EILEAN
LAKE

SEA
MOUNTAIN
OASIS
OCEAN
SWAMP
RUBHA
BEACH
TUNDRA
VALLEY
VOLCANO

29 - Energia

```
D Z S O Q G O T Z R L F Y C G S
W W A Y D T P M A G R N H A L Z
W D E V E W K K A V T H G N S O
E V F S A E T B U E H Z D W M A
L N G L L V K L A K T G S H Ù U
P S T S A H C A H M O Ì N G I T
H U G R N H C O N N A D H G D R
O Y D L O R U C O O U D U A P U
T T U Y C P F C B R Y I R S L A
O C K I J X Y H R T G E N O A I
N T U R B A I N A C Y S U L S L
H Y D R O G E N C E N E I I T L
X G Y V Q D N J H L D L G N A E
Q N À R A I N N C E I C H E I A
N I U C L A S A C H D C V Z G D
R V R S V C B G J N O G J T R H
```

ÀRAINN
PLASTAIG
GASOLINE
TEAS
CARBON
CONNADH
DIESEL
DEALAN
ELECTRON
ENTROPY

PHOTON
HYDROGEN
GNÌOMHACHAS
TRUAILLEADH
CO
NIUCLASACH
DIDO
TURBAIN
SMÙID
URNUIGH

30 - Ristorante #2

```
H  I  R  S  Y  V  L  F  U  X  R  E  T  I  A  W
B  N  B  O  Q  H  J  W  A  D  A  T  S  A  L  B
D  A  E  U  S  W  Y  T  I  Y  E  L  Q  V  I  U
Z  E  C  Y  O  L  F  Z  M  C  N  Ò  L  M  Ù  I
L  H  I  B  U  I  L  E  A  N  N  S  T  O  S  S
C  D  È  G  X  P  I  A  A  O  Ì  W  P  R  Y  G
R  I  C  A  H  X  S  N  G  K  D  B  H  O  A  E
Q  O  F  S  X  C  Y  L  O  R  N  R  G  Y  O  V
W  A  M  R  A  M  A  L  B  I  A  S  G  N  D  N
D  L  K  F  L  L  B  C  H  C  O  E  D  R  D  P
O  D  K  G  W  N  A  S  A  E  M  J  Y  Z  M  X
B  H  Y  Z  W  S  B  N  L  X  A  Y  K  C  O  E
S  L  N  R  G  H  Q  R  N  Z  E  W  P  A  H  C
G  H  L  A  S  R  A  I  C  H  D  F  I  J  M  C
C  A  T  H  R  A  I  C  H  E  J  N  X  T  W  C
S  M  U  I  G  H  E  A  N  N  U  O  X  N  R  X
```

UISGE	SÙIL
DEOCH	IASG
WAITER	LÒN
AN DÌNNEAR	SALANN
SPOON	CATHRAICHE
BLASTA	LAOIDHEAN
GOBHAL	CÈIC
MEASAN	UIGHEAN
DEIGH	GHLASRAICH
BUILEANN	

31 - L'Azienda

```
C  M  X  Q  C  B  L  A  A  G  A  O  N  A  I  D
C  U  M  M  C  O  B  W  S  Q  A  J  M  A  A  Q
À  Z  N  G  L  M  S  I  E  T  C  B  A  T  V  L
I  F  A  N  I  L  Z  N  G  C  X  C  H  F  F  K
L  H  S  S  A  S  S  I  A  U  Y  S  C  A  W  V
E  C  A  X  Z  R  A  R  F  D  P  C  A  E  D  M
A  C  E  U  T  Q  T  I  V  O  H  R  H  S  O  H
C  J  R  D  E  G  R  A  X  R  D  U  T  I  Q  T
H  R  I  H  J  D  A  F  N  P  A  I  À  E  X  I
D  X  O  K  S  D  H  C  N  M  G  N  N  F  C  O
D  L  G  U  C  A  D  V  Y  W  S  N  H  I  C  N
C  O  D  H  Ù  N  A  D  H  A  A  E  G  O  L  M
L  P  Y  V  P  V  H  S  R  J  T  S  R  R  I  H
G  N  Ì  O  M  H  A  C  H  A  S  U  Ù  P  Ù  A
T  A  I  S  B  E  A  N  A  D  H  B  V  L  C  S
O  I  T  U  A  R  A  S  T  A  L  A  N  I  N  I
```

CO-DHÙNADH
CRUINNE
GNÌOMHACHAS
ÙR-GHNÀTHACH
TASGADH
COSNADH
GABHADH
TAISBEANADH
PRODUCT

PROIFEISEANTA
ADHARTAS
CÀILEACHD
IONMHAS
CLIÙ
CUNNARTAN
GOIREASAN
TUARASTALAN
AONAID

32 - Giardino

```
F G M Q G S T P F G A R A G E Ù
L E I R A B L Y K E A A K C N I
I N Y L R P T U T R E E D E I R
I I J E D M N O A R K F R C V K
F L Ù R E K A R R S E K T L A T
U O M E N H A W K C A E X O P I
Y P L O C H A N K M H I I W O G
Y M W S E C S A R G S A D U K X
T A J S X A N V R G U B R G V Q
P R L R L S A K G U B L U D F R
W T Z F S A E T E R R A C E X D
U I K I G L F H A M M O C K V Q
P J Q K V G V D C H O U I S T H
K O F W S R C R M T G D X S P K
U S R Z U K L S X R H K R Q Y F
O R A N G R Z S Y F T F M G Z W
```

TREE
HAMMOCK
BUSH
GRAS
HAWK'
FLÙR
ORCHARD
GARAGE
GARDEN
SLUASAID

FEAR
GLASACH
RAKE
FEANSA
LOCHAN
ÙIR
TERRACE
TRAMPOLINE
ORAN
VINE

33 - Riscaldamento Globale

```
B  Y  R  À  S  D  À  T  A  R  I  T  B  N  V  Q
T  S  B  I  M  L  A  O  I  D  H  C  A  T  R  A
R  O  V  R  A  R  N  N  A  E  H  D  I  O  A  L
L  K  L  F  W  G  I  W  J  N  A  H  C  M  G  À
N  E  L  M  C  N  H  T  C  I  B  N  C  N  I  R
W  H  A  D  K  J  Y  L  E  O  V  I  R  X  N  A
Y  M  O  S  P  J  S  X  A  A  D  K  D  S  E  I
K  V  P  A  A  V  F  P  A  D  C  N  R  C  A  N
Q  P  U  B  T  C  V  N  I  N  H  H  L  I  L  N
W  G  A  S  Ì  U  H  D  R  Z  B  N  D  E  A  E
E  O  H  F  R  J  L  A  E  H  S  S  W  N  I  A
L  Ù  T  H  E  T  W  L  D  E  A  Y  H  T  C  C
È  I  G  I  N  N  B  R  C  H  I  G  E  I  H  H
G  N  Ì  O  M  H  A  C  H  A  S  Y  K  S  E  D
Y  O  A  W  A  N  I  S  F  H  B  E  H  T  A  A
T  G  C  D  O  L  Z  L  Y  Y  J  B  O  W  N  S
```

ÀRAINNEACHD	RIAGHLADH
ARTACH	LAOIDHEAN
AIRE	GNÌOMHACHAS
TÌRE	LAOIDH
ÈIGINN	A-NIS
DÀTA	DAOINE
LÙTH	SCIENTIST
ÀM RI TEACHD	LEASACHADH
GAS	CHAN
GINEALAICHEAN	

34 - Frutta

```
O H L P Y A N A N A B F O B Y N
N E C K N V P E I X N A R A Y V
L E M O N O J E A Y A P A P P N
D L P G R C L C U R V P I W N V
C P U N L A K E H R F L N T E N
O P Q A P D V U M E A E S M C M
M A Q M Q O J K D B R N U G T H
N E S G S X Z C E P A R G A A R
Z N G W N X C I Q S I W Y P R I
N I W I K W V M Y A L D D R I P
O P D K S O R G O R E G U I N F
J W E B L A C K B E R R Y C E P
P E A C H E D T I J G Q R O M L
I D L O F Q Z E G B Z J R T B U
J T L B B Q V X M Y G Q E Z A M
O R V R U O E M W I W W B B D O
```

APRICOT	MANGO
PINEAPPLE	APPLE
ORAINS	MELON
AVOCADO	BLACKBERRY
BERRY	NECTARINE
BANANA	PAPAYA
CHERRY	PEURAN
KIWI	PEACH
RASPBERRY	PLUM
LEMON	GRAPE

35 - Fattoria #2

```
A B R H K Z B D M I P E F T B W
M N I U C N E R U X Y I X U A I
A Y T A H K F A X I L I O N I N
L M I S D V H H G G L Q Y N N D
L E L J A A P C Z J B L Y A N M
K A J G H B H R L Z L F E G E I
G D I D C G H O A K J G L A X L
Q O U R A T C A R T D S R R G L
F W V V E E C R I O C U A E W Y
W D D V M D Z V H L S D B G C Q
Z V O C N Q O I D Z M E A S A N
R D P A I I R R I G A T I O N F
D P H U A B I U Ò A V U A C T X
C H R U I T H N E A C H D Z E I
F A R M E R G I G F H I B M V V
P T E I K C S G L A S R A I C H
```

LITIR
FARMER
TUNNAG
AINMEACHADH
BIA
AN T-SABHAIL
MEASAN
ORCHARD
CHRUITHNEACHD
IRRIGATION

LLAMA
BAINNE
COIRCE
WINDMILL
GEÒIDH
BARLEY
DUILLEAG
MEADOW
TRACTAR
GLASRAICH

36 - Verdure

```
B S G B G S A B O R G D Q I Z N
R H L U Q Y L W B O C V D X B U
O A P I N R U T V N A R R U C P
C L R L W E A W N I K P M U P X
C L L E G L E D F O T O M A T O
O O W A E E P X I N S S S X P H
L T L N N C T Y E S N G O Z A X
I C B N S R R T E G H B D M R G
L O C U C U M B E R G F B W S I
M U S H R O O M V S K P J S L N
V Y D T S L I A S A I D L S E G
G M H I A R T I C H O K E A Y E
Y J H B T J A L Z K R P V G N R
R T U V J Z W O L Z W R I Q B T
K J D S Q Z A I H G Q N L A D K
T D B W L K B S W H I U O Z P J
```

BROCCOLI
ARTICHOKE
CURRAN
CUCUMBER
ONION
MUSHROOM
BUILEANN
EGGPLANT
OLIVE
BITH

PEA
TOMATO
PARSLEY
TURNIP
RADISH
SHALLOT
CELERY
SLIASAID
GINGER
PUMPKIN

37 - Musica

```
W  E  V  L  A  C  I  R  Y  L  E  O  C  M  J  N
T  G  O  B  R  N  S  I  N  G  N  T  U  I  C  H
U  L  C  I  E  U  T  C  C  J  C  M  S  C  Y  X
S  A  A  S  P  R  L  I  I  R  W  U  G  R  T  X
K  E  L  X  O  Y  A  T  N  Y  S  U  R  O  H  C
B  Q  I  J  S  A  C  E  O  N  N  H  I  P  P  N
O  A  G  N  W  H  I  O  M  O  E  G  X  H  V  E
B  V  L  P  N  T  S  P  R  M  J  A  R  O  R  A
F  V  Z  L  A  E  S  R  A  R  U  X  L  N  H  C
J  C  V  I  A  N  A  J  H  A  C  E  I  E  Y  H
O  N  Z  B  V  D  L  D  Y  H  L  N  Ù  R  T  C
K  D  C  Z  L  Z  C  E  A  V  À  K  I  W  H  I
R  H  Y  T  H  M  I  C  W  I  R  I  C  H  M  Ù
F  O  N  N  E  E  S  I  V  O  R  P  M  I  I  I
Q  S  U  K  D  O  U  B  X  F  Y  I  Q  L  Y  L
X  S  V  D  P  B  A  G  K  C  V  A  D  N  K  N
```

CLÀR	FONN
HARMONY	MICROPHONE
HARMONIC	CIÙIL
BALLAD	NEACH-CIÙIL
SEINNEADAIR	OPERA
SING	POETIC
CLASSICAL	RHYTHMIC
CHORUS	RHYTHM
IMPROVISE	AN T-INNEAL
LYRICAL	VOCAL

38 - Barbecue

```
U N C K P A J S S E E C L Q O H
G P S R C F K A G A L E G B I O
B E U O L D B U E D O A O I O T
X X K G J S E C I L B R R A L X
B Z T A O W U E N V U C P A E G
N B E K U W Z S E O T A M O T F
A Y A N Q L A C A I H Z O T O C
G Q G L L I L U N D S F W V K K
E K H Z M U Y I C L H B M P V K
A N L V H R X R R A B O I P F O
M M A L Ò N Q E O G F P L L A M
A E C I C Q S A R C A J C C A J
N A H S N J S D A L A S Y E K Y
N S R H D A R H M A S T S A Ò R
A A J X T M R A E N N Ì D N A L
N N A L A S O O W I V D E M A F
```

HOT
AN DÌNNEAR
BIA
ORAN
SGEINEAN
AS T-SAMHRADH
ACRAS
TEAGHLACH
MEASAN
NA GEAMANNAN

GRILL
SALADS
CUIREADH
CEÒL
PIOBAR
CEARC
TOMATOES
LÒN
SALANN
SAUCE

39 - Insetti

```
S X N R E J Y L F H W N M D F N
S N W K W N K A Q H O C A E E B
L A D Y B U G O D Z R N N A B H
D V A I V F T I M A M X T L E O
A R I C H Z T D A Y C N I A E R
D A K Z J P G H Z S J I S N T N
Y L F N O G A R D M P X C D L E
M O S Q U I T O M O C E T È E T
B F D W R B M A C T O Q A L J L
A L J A U N E S Y H C S B C S Q
D E I N L P Y H H G K F W P H J
J A Y J X F T S U I R K M O V X
W D X F B G C A W A O L E U E Z
P Y F O P T M T Y T A S R A B D
B I E J U P H B B U C S H P Z C
T X A G W J J J Z M H S F M N U
```

APHID
BEE
HORNET
CICADA
LADYBUG
BEETLE
MOTH
DEALAN-DÈ
LARVA

DRAGONFLY
LAOIDH
MANTIS
FLEA
COCKROACH
TAIGH
WORM
SPEACH
MOSQUITO

40 - Fisica

```
V  Y  J  K  K  I  J  H  H  G  Q  G  X  D  H  G
T  E  D  L  B  V  M  P  M  A  Q  R  U  I  E  C
S  U  F  A  R  G  W  U  E  S  V  A  T  A  P  F
E  Q  W  C  Q  T  U  H  C  A  D  V  F  B  D  W
L  A  O  I  D  H  Q  C  H  T  L  I  R  H  L  N
E  Z  N  M  O  T  A  A  A  N  E  T  E  A  E  L
S  L  A  E  O  Y  S  S  N  A  U  Y  Q  L  A  L
U  O  E  H  Z  L  Y  A  I  R  G  Y  U  W  S  E
J  R  S  C  S  U  E  L  C  A  H  W  E  O  N  W
B  P  N  B  T  F  Y  C  S  B  A  M  N  F  A  M
G  X  N  U  E  R  K  U  U  Z  D  K  C  A  S  H
P  O  I  W  I  C  O  I  V  L  H  I  Y  D  N  X
M  L  E  J  B  G  Y  N  Q  C  E  T  H  Z  P  I
I  T  C  A  H  Q  D  A  L  O  M  N  K  P  R
M  A  G  N  E  T  I  S  M  S  J  S  K  X  B  D
U  L  C  I  U  C  O  U  P  B  P  G  E  Z  X  G
```

URNUIGH
ATOM
LEUGHADH
CHEMICAL
DLEASNAS
ELECTRON
MOLADH
DIABHAL
FREQUENCY
GAS

GRAF
GRAVITY
MAGNETISM
MECHANICS
MOLECULE
EINNSEAN
NIUCLASACH
FAD
LAOIDH
BARANTAS

41 - Agronomia

```
Y O T H À W Z V E D O P S O N S
L P M R L I A H C H T Ù D Z Z A
O H G I U E T Z K B H E K N F O
Ì R P Ù W A G E G S I U U V E T
S C G W F J I L A Z U E C H R H
H B Q A X U X L O C X L R N T R
D A A C N A J C L Z H T Ù L I A
A M H X B I R V G E H A I S L C
H F K P I T C C L Ò A C S I I H
C F H D A D Ù R G S B D E O S A
A I T H N E A C H A D H H S E I
S S A I D H E A N O E N B T R D
N E C O L O G Y I Y E O V A M H
N A T W W B Q C C B Z F S M J F
A I N D M X K H R W U À C A G C
R O N I B À R A I N N S P N I N
```

UISGE
ÀITEACHAS
ÀRAINN
BIA
FÀS
ECOLOGY
LÙTH
FERTILISER
AITHNEACHADH
TRUAILLEADH

CLÒ
ORGANIC
SAOTHRACHAIDH
RANNSACHADH
DÙTHCHAIL
SAIDHEAN
SÌOL
SIOSTAMAN
SGRÙDADH
ÙIR

42 - Erboristeria

```
D L O J H B U D N A C A E M K F
V Z G X V D A K D X L U E V G T
A H P S R X I W R N O R F F A S
N P V M U G N O Z C Y O Y E R E
O L I H N P E N A K W P R X D U
G I M J T Q Q Y E L S R A P E C
A I N G R E D I E N T V N E N A
R R Ù L F T P T N A L P I F J R
R A O D Z P E H K D G C L X D X
A Z Q M U Y W Y U N I G U B Q Y
T V X L A T K M Q T J L C H A U
K W I D E T L E N N E F L Q Y L
X S E I S S I C À I L E A C H D
L S H M L T S C L M O R I O Q M
R C G L B S A A R O S E M A R Y
M E D B X U B O R E G A N O Z N
```

DILL
AROMATIC
BASIL
CULINARY
TARRAGON
FENNEL
FLÙR
GARDEN
INGREDIENT
LAOIDH

MEACAN-DUBH
MINT
OREGANO
PLANT
PARSLEY
CÀILEACHD
ROSEMARY
THYME
UAINE
SAFFRON

43 - Biologia

```
I  P  D  V  K  L  L  Z  D  I  A  M  W  T  B  B
E  N  Z  Y  M  E  O  A  N  A  T  O  M  Y  E  A
C  O  D  H  H  D  A  A  X  H  M  H  C  M  A  C
H  I  G  O  Y  R  B  M  E  P  B  T  O  U  T  T
R  T  A  R  X  D  V  K  G  B  G  P  L  T  H  E
O  U  H  M  A  Q  P  N  E  R  V  E  L  A  A  R
M  L  T  O  S  Y  N  A  P  S  E  I  A  T  C  I
O  O  U  N  S  I  S  O  M  S  O  V  G  I  H  A
S  V  H  E  Q  Y  B  S  U  Q  G  P  E  O  M  R
O  E  Y  L  C  L  M  L  Q  H  H  G  N  N  L  R
M  R  F  I  N  E  B  B  E  D  K  H  P  W  U  A
E  C  Q  T  A  E  A  N  I  A  T  O  R  P  S  D
S  W  A  P  W  N  U  L  O  O  P  D  Q  N  A  À
B  X  Y  E  K  R  X  R  L  O  S  N  D  C  N  N
X  I  W  R  E  J  G  G  O  A  T  I  U  P  D  U
Q  O  L  H  F  A  N  N  L  N  L  K  S  X  S  U
```

ANATOMY	NÀDARRA
BACTERIA	NERVE
CEALLA	NEURON
COLLAGEN	HORMONE
CHROMOSOME	OSMOSIS
EMBRYO	LUSAN
ENZYME	PROTAIN
EVOLUTION	REPTILE
BEATHACH	SYMBIOSIS
MUTATION	SYNAPSE

44 - Attività Commerciale

```
T D T S A O G V C K N D Q J F D
P A C M M P Z J P Q N F U A A L
K Q O C W K I U S W H F B O C K
J V S C X N S L I B Z Q E I T T
Y C T A E S D I U B Y F N F A Y
O Z A R D A E G R I A O F I R N
I R S S A L E G K H D A G S A T
A I R G E A D H C A E T L P I F
W K Z S C L C A R A I D I J D O
T A N L U A I I O N M H A S H S
A S C X W P F È U O P X W C Z G
N P N I A Y K O H D A R M O I L
H P W Y N A P M O C I D N Y F A
Z J I P I P P R O T H A I D A D
E A C O N O M A I D H B Ù T H H
M Ò R A N B A T H A I R D O B G
```

BUIDSEAT
CARAID
COSTAS
CHÈILE
FOSGLADH
EACONOMAIDH
FACTARAIDH
IONMHAS
TASGADH
MÒRAN BATHAIR

BÙTH
PROTHAID
TEACHD
PAYPAL
COMPANY
AIRGEAD
IOMRADH
OIFIS
AIRGEADRA
SALE

45 - Fiori

```
Y  P  G  N  R  Y  M  P  B  L  X  S  Y  H  E  K
U  L  A  T  E  P  A  E  K  S  E  H  T  U  N  C
N  U  I  M  W  U  G  O  G  A  R  D  E  N  I  A
U  M  F  L  O  B  N  N  Q  Z  E  I  U  O  M  L
V  E  K  H  L  Q  O  Y  S  C  W  O  Q  I  S  I
G  R  K  J  F  I  L  T  U  E  B  A  U  L  A  L
F  I  W  V  N  T  I  M  C  J  A  L  O  E  J  K
H  A  H  G  U  L  A  Z  S  O  O  M  B  D  U  R
V  J  E  G  S  Y  F  K  I  B  N  M  R  N  Y  O
T  U  L  I  P  L  E  U  B  D  Z  R  M  A  W  D
X  J  O  N  I  P  O  Z  I  A  D  G  N  D  I  N
G  M  M  T  Q  H  O  S  H  I  Y  Q  D  I  M  G
Q  O  R  C  H  I  D  P  S  S  A  D  M  W  P  O
P  N  I  G  J  N  G  S  P  Y  H  X  D  J  Q  U
S  P  V  I  U  O  M  O  J  Y  C  I  T  O  H  D
A  K  I  D  E  D  L  Z  F  Y  B  Z  C  O  A  Q
```

DANDELION   DAISY
GARDENIA   BOUQUET
JASMINE   ORCHID
LILY   POPPY
SUNFLOWER   PEONY
HIBISCUS   PETAL
LAOIDH   PLUMERIA
LILAC   SEAMRAIG
MAGNOLIA   TULIP

46 - Filantropia

```
O G F H G R B S C S A W H O P F
B C A H O U U P A A Q H M I R I
P D E T A P I R K H R D Y U Ò O
T L X W N E D I P M B A T K G S
W T N N I N H O A N C W I G R T
Y F Y Q K W N C J O R O S D A H
O R A N S E E A D I U G O F M U
O E N F U Y A N L O I S R P A G
Z R O U I O N E N C N V E Y N A
D Ù B H A L A N M W N J N P Z I
G N J N U E A I A U E W E O B N
R X U V A X S O O W E V G B F N
T T D J D H H A I M B F I L G I
R F X V K K E D N Q U D D A Z O
N Z Z D F H U R N A I G H C Q W
E A C H D R A I D H P P L H D G
```

CLANN   BUIDHNEAN
FEUM   SPRIOCAN
CARAID   URNAIGH
FIOS THUGAINN   PRÒGRAMAN
IONMHAS   POBLACH
MAOIN   DÙBHALAN
GENEROSITY   EACHDRAIDH
ORAN   DAOINE
CRUINNE

47 - Discipline Scientifiche

```
W Y G O L O N U M M I K G N E A
B X E N O H U A K N T D Y C C I
O B Ò O B R S N W D P X E À O R
T E L U N E U R O L O G Y N L N
A Q A N M Z T B X R S T O A O A
N T S C I N A H C E M Q D N G C
Y B E A T H A C H A D H N A Y H
U H D I A H C V E H C L U C N B
X Y H E O Y G O L O I S Y H P I
A R C E Ò L A S K V W Z U A Y I
A N A T O M Y M O N O R T S A B
I V E M I N E R A L O G Y M N J
F Z L B I O C H E M I S T R Y S
Y G O L O H C Y S P N K H Z B E
F X I C O N T R I B U T I O N S
L M B W X C I O I L K L P N D W
```

ANATOMY
ARC-EÒLAS
ASTRONOMY
BIOCHEMISTRY
BIOLEACHD
BOTANY
NOUN
ECOLOGY
PHYSIOLOGY
GEÒLAS

IMMUNOLOGY
CÀNANACHAS
MECHANICS
AIR NACH BI I
MINERALOGY
NEUROLOGY
BEATHACHADH
PSYCHOLOGY
CHAIDH
CONTRIBUTIONS

48 - Scienza

```
R F M G H J G I K O A I V N D H
K F V P I D R U T A N E M A À Y
J K T A J V A Q X H T Ì R E T P
G V D A T S V E Y T Q S F R A O
S W E C U Z I L B A R S K I C T
T T T D I Z T Y U L W L C N S H
F O Q G C G Y X D S A I H N E E
M O L E C U L E S N A A E I A S
P P F F I S I C F M A N M È L I
W J J O M O D H U K T I I M L S
X V S G S V H I H X J G C M A W
N Q E Q M S M Y L V O B A E D E
A N A E T R I À P M O C L D H V
X T J I C T K L Y S I P O X C M
D H O U O D E V O L U T I O N K
J X Q M O R S C I E N T I S T J
```

ATOM
CHEMICAL
TÌRE
DÀTA
EVOLUTION
FISIC
FOSSIL
GRAVITY
HYPOTHESIS

LATHA
MODH
MÈINNIREAN
MOLECULES
NATUR
SEALLADH
COM-PÀIRTEAN
LUSAN
SCIENTIST

49 - Imbarcazioni

```
W  H  D  O  U  F  F  H  A  B  X  S  P  N  À  L
E  A  N  F  V  E  C  S  F  T  K  A  Y  A  K  R
R  U  V  V  Z  R  E  Q  I  X  G  I  O  E  G  A
C  S  M  E  A  R  D  I  X  Q  V  L  U  S  S  F
L  W  Z  C  S  Y  Y  F  T  B  C  B  B  N  A  T
A  U  Z  B  D  V  V  E  T  F  N  O  V  N  I  R
K  E  H  A  H  W  K  E  L  S  J  A  D  I  L  Ò
E  H  N  V  T  U  Q  A  S  I  F  T  J  E  O  P
L  S  H  I  S  J  G  U  T  E  L  B  N  Y  R  N
T  F  Y  G  Y  W  O  U  K  G  A  G  H  D  I  K
G  M  V  N  A  E  C  O  J  H  C  G  X  J  A  Q
T  S  J  C  C  I  A  H  E  O  Z  Z  R  C  C  C
M  K  N  S  H  D  N  N  I  A  H  B  A  O  A  K
Z  L  W  H  T  Q  O  B  X  A  A  B  S  U  Y  U
L  R  J  I  P  P  E  B  E  G  B  M  A  S  T  P
G  M  F  H  X  X  D  R  H  M  F  D  F  L  J  N
```

MAST	LAKE
ACAIR	SEA
SAILBOAT	- LÀN
BUOY	SAILOR
CANOE	EINNSEAN
RÒP	OCEAN
DOC	WAVES
CREW	FERRY
ABHAINN	YACHT
KAYAK	RAFT

50 - Chimica

```
N  V  I  Q  M  T  T  P  F  L  E  C  I  H  M  T
R  F  U  D  X  O  D  E  I  I  L  H  C  Y  U  J
U  K  K  Y  N  H  H  T  A  P  E  L  P  D  G  V
G  A  S  G  W  Y  H  E  C  S  C  O  M  R  P  J
J  X  K  O  E  P  X  Ò  I  U  T  R  V  O  F  A
H  B  D  M  O  D  K  T  E  N  R  I  E  G  T  L
H  G  I  U  N  R  U  H  E  J  O  N  O  E  X  K
Z  C  C  E  R  L  E  A  P  M  N  E  S  N  E  A
A  T  A  E  E  S  N  C  B  N  O  B  R  A  C  L
T  T  J  S  U  R  K  H  M  N  R  H  O  B  T  I
W  T  O  E  A  A  M  D  V  A  W  S  K  D  A  N
O  R  G  M  E  L  U  C  E  L  O  M  F  O  S  E
R  B  H  Y  I  M  C  I  N  A  G  R  O  O  K  C
I  Z  I  Z  G  C  X  U  T  S  Y  L  A  T  A  C
K  I  Z  N  W  G  I  D  I  U  Q  I  L  R  B  C
W  V  M  E  W  G  M  I  O  N  E  G  Y  X  O  H
```

ACID
ALKALINE
ATOMIC
TEAS
CARBON
CATALYST
CHLORINE
ELECTRON
ENZYME
GAS

HYDROGEN
ION
LIQUID
MOLECULE
NIUCLASACH
ORGANIC
OXYGEN
URNUIGH
SALANN
TEÒTHACHD

51 - Api

```
À  Z  Y  V  N  E  D  R  A  G  P  D  N  S  Q  T
R  J  O  Y  A  C  A  U  D  V  J  K  O  B  H  R
A  M  O  S  S  O  L  B  Z  R  U  R  A  S  H  U
I  D  D  Q  U  S  R  E  W  O  L  F  I  W  G  A
N  B  I  X  L  Y  A  B  L  K  C  N  Q  A  O  I
N  S  D  U  I  S  Z  N  Y  N  I  L  K  R  K  L
E  B  M  J  U  T  N  R  S  O  S  G  H  M  G  L
A  I  E  O  I  E  A  B  H  A  N  R  I  G  H  E
N  A  I  L  C  M  S  B  A  Q  E  P  S  K  R  A
J  W  A  X  R  W  A  G  U  K  U  L  X  O  K  D
Q  Z  G  C  A  V  E  V  I  H  D  I  D  H  N  H
Y  H  F  Q  E  R  M  J  B  A  W  M  Q  M  Q  C
X  B  O  K  F  S  A  O  S  J  T  C  D  N  Q  K
K  G  Q  D  L  G  Z  S  K  P  W  H  G  F  Q  C
I  Z  K  H  B  V  O  Z  B  H  Q  X  A  T  X  S
K  T  L  E  Q  Z  H  J  W  W  F  S  V  N  M  P
```

SGIATHAN	SMO
HIVE	GARDEN
FEAR-CIUIL	ÀRAINNEAN
WAX	DH'
BIA	MIL
DLEASNAS	LUSAN
ECOSYSTEM	TRUAILLEADH
FLOWERS	A ' BHANRIGH
BLOSSOM	SWARM
MEASAN	DIDO

52 - Strumenti Musicali

```
C  M  M  D  M  E  T  C  T  S  T  P  N  L  T  M
N  L  A  Z  L  N  I  R  I  A  B  M  A  T  W  A
B  V  A  N  P  M  P  Ù  U  J  V  A  Y  D  N  R
P  D  P  R  D  Q  G  L  Z  M  I  A  R  A  F  I
G  S  J  W  I  O  R  F  D  U  P  B  I  S  G  M
G  N  Q  B  G  N  L  B  B  R  G  E  L  A  I  B
Z  O  Z  F  S  A  E  I  D  D  O  L  T  C  O  A
R  Y  M  J  I  P  C  T  N  N  B  J  Q  S  T  K
A  Q  E  G  Y  M  Z  T  I  V  F  M  X  A  À  L
T  M  O  G  Z  O  N  A  I  P  S  R  W  F  R  N
G  O  N  G  X  R  C  G  D  B  A  N  B  O  C  F
N  V  O  L  U  T  W  L  O  X  B  V  G  N  I  A
V  I  O  L  I  N  W  S  B  B  A  S  S  O  O  N
C  L  À  R  S  A  C  H  O  C  E  L  L  O  M  M
G  J  T  Y  K  U  K  A  E  E  Q  B  H  K  V  I
F  B  A  N  J  O  G  H  S  D  A  Y  U  Y  R  W
```

CLÀRSACH
BANJO
GIOTÀR
CLARINET
BASSOON
FLÙR
GONG
MANDOLIN
MARIMBA
OBOE

FARAIM
PIANO
SACSAFON
TAMBAIRIN
DRUM
TRUMPET
TROMPAN
VIOLIN
CELLO

53 - Professioni #2

```
N Z Z E X O G R O T N E V N I L
S U R G E O N O I E F R N V M I
C L E F N A R L I A P S B X V N
V F N O O E K F M G L Y I G U G
O A E R D I A E Q A W C T H T U
W R D T H N L C B S I X A G T I
P M R F J L Q L H G M O E I Q S
T E A W J F M Z S D H U L U H T
M R G X V O X Y Q I E A Ì N O F
P E A N T A I R R B C I P R G A
D E T E C T I V E H P H L U I B
B I O L O G I S T F R V E B I G
Z O O L O G I S T Z Ì R K A H O
Q I G S L P B A R U O D U N R R
W N U Z K K T W X I M N B C R I
Y V V N A I C I S Y H P M O B O
```

FARMER
PRÌOMH
BIOLOGIST
SURGEON
FHIACLAIR
DETECTIVE
FOILLSICHEAR
B'E
GARDENER

URNUIGH
NEACH-DEILBH
TEAGASG
INVENTOR
LINGUIST
PHYSICIAN
PÌLEAT
PEANTAIR
ZOOLOGIST

54 - Letteratura

```
R Q J A X H C K H O E O F S I H
L H C A N D G J Q B J T Z L L D
P J Y H À A Y O D T Q P P T H A
V Z V M D N L I A H B O N V A D
I D R Y E Ù G O V C A G L F Q Ù
S T O I D H L E G U M H T Y H R
Y S V Y Z D F T C Y E U F A W G
S A E M I O C O S S T X D Ù X S
T S E U K C X D H C A E B G N N
H B U D G U E C D I P D K H E O
F I C T I O N E A T H W P D Ò I
T H E M A L L N E E O Q G A R M
B N O E Q P V A R O R O Z R S S
B K I L T H X W I P G I V I A T
M O E N T E T W U D X S K H Z R
F S V T I G H M T T D L K P L R
```

MION-SGRÙDADH
ANALOGY
ANECDOTE
ÙGHDAR
CO-DHÙNADH
COIMEAS
TUIREADH
DIALOGUE
FICTION
SEÒRSA

METAPHOR
BEACHD
DÀN
POETIC
RHYME
RHYTHM
NOBHAIL
STOIDHLE
THEMA

55 - Cibo #2

```
C O Q M A H B C N M Y R R E H C
H V P O Z Y R C À L X P O I A L
O I E O X J J B I I W I K L C A
C V C R A R A N K V S M Y O R E
O L S H W T S N C R A E C C Q L
L T U S R R L P U V E B E C L P
A O I U M U I C V I W X L O U P
T M H M B G I T B A N E E R R A
E A R D A O I T K S Q Q R B J V
W T L W N Y A I H G U R Y V S E
V O Q H A T U S V N R X G I V M
U C V T N A L P G G E D U J D D
E N A G A D H E T N O A X S F F
G R A P E N Z U T A G P C A O G
C T I W P E U W V Z Y O S H S R
X Y F D E G U G L B E F Q X D Y
```

BANANA
BROCCOLI
CHERRY
CHOCOLATE
CÀISE
MUSHROOM
CHRUITHNEACHD
KIWI
APPLE
EGGPLANT

ARAN
IASG
CEARC
TOMATO
HAM
RICE
CELERY
UGH
GRAPE
YOGURT

56 - Nutrizione

```
B R P G E J T C B O R T F S O L
T I L C K N N A E R H B I U C A
C O T F J Y E L Q B Z N W N L O
L V X T T I O Z W M F E Y I I
S Z X I E R R I U Q D C Z Q D
F U E B N R T I M Z J A G C U H
L D R S K Y U E T N I À L S I E
A F G N V K N S Y F J Y Q X D A
V Q D O U P R O T E I N S P S N
O Z G H D I B D A I T H E A D A
R S A U C E G A P P E T I T E E
V I T A M I N H B N A O G U J T
Z F E R M E N T A T I O N F R S
C A R B O H Y D R A T E S M R I
W A D I G E S T I O N I A D B E
X C À I L E A C H D J R H D X C
```

BITTER
APPETITE
CALORIES
CARBOHYDRATES
CEISTEAN
DAITHEAD
DIGESTION
FERMENTATION
FLAVOR
LIQUIDS

NUTRIENT
URNUIGH
CUIBHREANN
PROTEINS
CÀILEACHD
SAUCE
SLÀINTE
LAOIDHEAN
TOXIN
VITAMIN

57 - Meditazione

```
D P U C Z T J K A Y U M J O I A
S C E Ò L H D A R M O I I A D A
À S X A E O Y W Y T J B W N G I
M E H R R U I Y D E K A W A D R
H A S A B G T C X A D Y A D H E
C L O T V H F N J G D Z K H C X
H L N K W T D D P A G D S C A A
A A A P F S A A P S Y E C A E P
I D T H J F S S H G P D U O R C
R H U P Q X A S H T F B C L I H
V R R K C K U E Z K A A R V E Ù
V W I X U C L N A V T E I W L I
Q D U F H H G D X Y K U R Z L S
N M H Z U K F N I Ù I C Q B I Y
Z P R E M O T I O N S I Y C O O
H X M Y Y F A K V L J I P O S Y
```

ACHDAN
AIRE
CIÙIN
SOILLEIREACHD
IOMRADH
EMOTIONS
KINDNESS
CHÙIS
TEAGASG
MIND

GLUASAD
CEÒL
NATUR
PEACE
THOUGHTS
SEALLADH
BREATHADH
SÀMHCHAIR
AWAKE

58 - Antiquariato

```
D K R S I O A H D A B J L K T D
U A E C À I R N E I S R R E B G
L H G U A D I A Ì S A C M Q Y A
M O L L N C O I N N I L V G V I
U E B P C À I L E A C H D À V N
Q J S T Q E L H D I O T S R T M
U E K U C M U U P Y C B M R A H
W X K R Q A T N A G E L E A S B
T C V E B P L W Q C E X T D G F
D E I C H E A D D S H A Q H A S
X R O Ì F N W S A Q Y Z L Z D V
R O C S I C N A R F N A S A H M
H P S U D G X J E W E L R Y I B
O J H S V N E P V G E T D P S N
P R I S L H T X C B Q P E F V V
K Z A O L B T N P B H C F C T W
```

EALAIN
NÌ
ROP
FÌOR
DEICHEAD
SAN FRANCISCO
ELEGANT
GÀRRADH
JEWELRY
TASGADH

ÀIRNEIS
COIN
PRIS
CÀILEACHD
III
SCULPTURE
LINN
STOIDHLE
LUACH
A DH'AOIS

59 - Fotografia

```
G M A W S I C D U J A G H K I U
S C B M I O A Y O R P V B N M C
L A I P F S L M F Ì N M J S L M
D G N D P X M A È R F U K K H M
I F N B H O B Y S E J P I I W Ì
T A I S B E A N A D H X D G W N
R C S A L E S E A L L A D H H E
A Q R M A O S R R G X G L D B A
N H I W E O H U A W Q F U A U C
N W È K D U A T M R I O F R D H
U F L N J X D X A S O E U H J A
C N P P W I O E C D G A A M V D
R A Z K E I W T E G D S Q O F H
Y Q M F P B S M P X Y R V C W C
Z L Q L R X B Z D A R K N E S S
N B W L O N T K S J U D Z D L D
```

DARKNESS   DUBH
DATH   NÌ
COMHRADH   SHADOWS
CUNNART   SEALLADH
FRÈAM   DEALBH
MÌNEACHADH   URNUIGH
TAISBEANADH   CAMARA
FOIRM   TEXTURE
SOLAS   LÈIRSINN

60 - Escursionismo

```
K Q Z Q O I P S T T Y V A E H C
W U B L T C V B V Ì Z X I I D O
A W A F F I E H W H R I R U A M
F I E P C U F L R K Q E A L H H
T X M F F C I P À I R T M L C A
S E G S I U A O Q K Q O H A A I
W C J T I A D U V A H L A C E R
C D J O D R H T Ì G S R P H N N
C A R O Z U A T R X A D A A N Z
I E M B G T I D B F O J O D I D
Ù A T P W A C W B F A A R H U Z
I W C N A N H T Z G D A Q Z R U
L D M S H D C L A C H A N K C M
V G I I N V H E S P R O C I P U
H G W E Z A I N M E A C H A D H
M O U N T A I N E H Q Q H U F P
```

UISGE
AINMEACHADH
CAMPADH
TÌRE
IÙIL
AIR A ' MHAPA
AIMSIR
MOUNTAIN
NATUR
COMHAIR

PÀIRT
HEAVY
CLACHAN
ULLACHADH
FIADHAICH
DIDO
SGÌTH
BOOTS
CRUINNEACHADH

61 - Professioni #1

```
B N P N C B H G I U N R U T R A
A W F D I O F F E R I A G S O T
N N I L I C I S P O Q J C I D J
K J A O W T U D O B L Z T T Z S
E B U J N U L T S E U O X N V E
R A H G A L H C A E N V G E C E
P S Y C H O L O G I S T P I B K
P E S R U N N Q G G M U H C S Q
W H A S T R O N O M E R A S F T
J C J E W E L E R S V E R X K W
J I R M Y D D W H S D B M E D R
Y A V F R Q S A O D M M A W E T
X S U A E A N Q N L N U C P J U
E A L A I N V Y D C R L I S Z D
N E A C H P I À N A E P S B J H
P D L Q K S T R H T C R T P B W
```

COIDSE
TOSGAIRE
EALAIN
ASTRONOMER
NEACH-LAGH
DANCER
BANKER
URNUIGH
DEASAICHE

PHARMACIST
GEOLOGIST
JEWELER
PLUMBER
NURSE
NEACH-PIÀNA
PSYCHOLOGIST
SCIENTIST

62 - Antartide

```
À  R  A  N  N  S  A  C  H  A  D  H  U  A  D  E
Y  R  Y  H  D  A  L  O  M  N  U  R  Y  O  I  I
E  Q  A  G  D  X  T  K  V  O  F  J  Z  L  H  L
S  R  E  I  C  A  L  G  M  H  V  L  D  T  W  E
B  À  S  E  N  T  N  P  E  E  N  T  T  Y  A  A
W  C  N  D  S  N  M  A  U  K  N  B  X  G  '  N
H  D  A  R  H  M  O  C  E  N  I  O  A  D  L  A
I  W  E  L  R  G  V  C  Q  B  F  X  M  E  E  N
O  W  R  B  I  U  F  X  Y  A  S  C  U  W  A  D
C  L  I  Ò  E  N  B  W  E  G  K  I  C  Z  N  K
R  T  N  E  R  Ì  T  H  T  U  R  C  A  T  T  X
L  N  N  V  Z  X  A  I  A  E  E  V  N  T  A  W
S  A  I  D  H  E  A  N  S  F  H  C  M  G  I  Y
G  X  È  T  E  Ò  T  H  A  C  H  D  A  V  N  R
B  J  M  P  I  C  U  I  S  G  E  Q  R  C  N  P
C  R  E  A  G  A  C  H  P  R  P  E  A  I  K  V
```

UISGE
ÀRAINN
BÀS
MUCAN-MARA
COMHRADH
A 'LEANTAINN
DAOINE
GLACIERS
DEIGH
EILEANAN

MOLADH
MÈINNIREAN
NEÒIL
RUBHA
RANNSACHADH
CREAGACH
SAIDHEANS
TAISBEANADH
TEÒTHACHD
CRUTH-TÌRE

63 - Libri

```
A Q J H D I A R D H C A E D D I
O K C A S C A E H T O C I À U N
T T I A N N O A D Z I M O N A V
D V D G J A K D Z P R D M A L E
T B D Y U R U E X R J V C C I N
R W H W E X G R I T I L H H T T
Y F C U B À R D A C H D A D Y I
T R A I G H I D E A C H I S T V
B A L V X A T L S M Z V D J M E
E D U F R Z T I M T J X H R H L
K H E P A G E A A O È O R J J I
B G G E K X A H E R F I X V F F
B Ù S G Z V A B V M S C D A M V
W T H D A H B O Ì R G S R H D E
A C I C R U I N N E A C H A D H
B S P I R X F D N P A V R H M W
```

ÙGHDAR
DÀNACHD
CRUINNEACHADH
CO-THEACSA
DUALITY
GU
INVENTIVE
LITIR
READER
STÈIDH

PAGE
BÀRDACHD
IOMCHAIDH
NOBHAIL
SGRÌOBHADH
SRAITH
SGEULACHD
EACHDRAIDH
TRAIGHIDEACH
DAONNA

64 - Geografia

```
A P A H M A R I A D D T K A Z R
L ' I W U Q M D R Ù O H R I B E
I C L D I P F V E T M Q O C T G
A M C E N I R S R H H N L W S I
H B J S A L T A E C A A M H Q O
G Y H H E N J E H H N A F J M N
O U M A L D T D P A L L O Z N Q
A Q N U I W A A S S E T W U V W
S S T Z E N C N I S U I W H E I
T E U S D A N T M N D T H F J T
P A A L M I H B E J N U C I T Y
K K T M X D G E H I N D C C H F
A V H O N I J E Y H R E A V D N
I A R I X R D O M H A N F H A D
U H K R Q E U L U R R Q M I T K
X J K E I M A J E S Z I Z A D W
```

ALTITUDE
ATLAS
CITY
A 'LEANTAINN
HEMISPHERE
ABHAINN
EILEAN
DOMHAN-LEUD
DOMHAN-FHAD
AIR A ' MHAPA

SEA
MERIDIAN
T-SAOGHAIL
MOIRE
TUATH
IAR
DÙTHCHAS
REGION
DEAS
RI

65 - Cibo #1

```
S N P C P J P C L P B N C J U U
B A S I L Z K S B N N A L A S Z
J R S È N O M E L O N R R X E N
H R I C O R D B Y M N U H L J K
Z U Ù B I K U T J A F E A M E S
M C C K N L Z T T N B P O V C Y
O H A A O B L T U N A T R B I P
V Q I B N B T H I I A M L L U F
M G R H G Z D M L C T K X C J V
L E B A I N N E M I N T C Z A Y
Y M A P U Z S Y U Y W T R K D R
X Z Z D I A S A I L S Z J D O A
O G P S H O F I B U I L E A N N
T N D I A V O C A D O O V X J Y
A Z E G H H H C G U C D P Q M O
S T R A W B E R R Y D E Z A N C
```

AVOCADO
BASIL
CINNAMON
MEADH
CURRAN
ONION
STRAWBERRY
BUILEANN
BAINNE
LEMON

MINT
BARLEY
PEURAN
TURNIP
SALANN
SLIASAID
JUICE
TUNA
CÈIC
SIÙCAIR

66 - Etica

```
O T L I F P T L M R U W L G W L
W H G I A N R U O S L I E K I X
U U C S I A S J D V I X V L S O
A I J E O D N A H C A U L F D U
G R A H M A T N A S U E R W O G
I T Q F R S E X I M X K O T M R
R E M U A A U G L W L I P G L R
I G N D D U R R A M N T W O A
A U Z I H L I V C J N D I J J W
G N R R O G W L S L O N M U R E
H D A H C A R B O O C E I R Y L
L B F I Y G D L C E H S S D P W
A I A A G Q T G V D W S M C V Z
D K S F E A L L S A N A C H D R
H X F V Q S N T T J M F S Q W W
X T R E I B H D H I R E A S C E
```

ALTRUISM
IOMRADH
CO-OBRACHADH
URRAM
IS
FEALLSANACHD
KINDNESS
THUIRT E GUN
TREIBHDHIREAS

URNAIGH
OPTIMISM
REUSANTA
RIAGHLADH
GLUASADAN
MODHAIL
WISDOM
DAOINE
LUACHAN

67 - Aeroplani

```
O O T Q C T U R B U L E N C E T
G F Z D R J G T H A D H A I R U
B D R T E G W U M J A A I N Y I
H C E R W Y L I A G O T X O E R
A A G W P B Z U L Y M H M P O L
H F N R J J I C A K T L H S N I
H S E À B W T A T S U K Z X R N
M X S U R O C B N G A B U H U G
X N S Y S D H C A N À D Z Y P R
F R A C Y A B W K K L C V D Ì B
M G P E U F B H D A A D J R L C
M G Y T S X H D A N N O C O E F
R T Y J Y N C P Y I E P D G A M
E I Q S F L N O O L L A B E T H
E A C H D R A I D H W E C N L H
B C À I R D E F E D U T I T L A
```

ÀIRDE
ALTITUDE
ADHAIR
AN ÀRD-BHAILE
TALAMH
DÀNACHD
CONNADH
SKY
TOGAIL
TUIRLING

CREW
HYDROGEN
EINNSEAN
GLUASAD
BALLOON
PASSENGER
PÌLEAT
EACHDRAIDH
TURBULENCE

68 - Governo

```
F N B K S I J U S Y P G C M M Q
C E A R T P L D V G N E U P N S
B H G D H O C R J S P Q J U C T
U D A H D I A R Ò X H A Y I H I
N A Q C F L L T R U Q S Z T L Ù
R H G A L I H U N A T R A E C I
E C I N F T M R T A C O N G X R
A A P A L I A N K R E A H E H I
C R E R Ì G S U W R T S C H G C
H S P O G S Q I K A A L I N I H
D O M A X P J G A H T A A À A E
M I E S C V V H K T S G H H N D
N F G G J I A S W A Z Y T F R N
C Y L I L W P N M C S U Ù K U V
D E M O C R A C A I D H D H O X
R M C G K C T C O U F R C J O M
```

STIÙIRICHE
SAORANACHD
CATHARRA
BUN-REACHD
DEMOCRACAIDH
CEARTAN
ÒRAID
URNAIGH
CEART
FIOSRACHADH

LAGH
SAORSA
NÀISEANTA
DÙTHAICH
POILITIGS
SGÌRE
SAMHLA
STATE
URNUIGH

69 - Colori

```
O  M  L  M  Z  G  B  :  M  T  M  B  T  Y  G  T
G  R  G  D  O  L  U  S  A  V  Y  F  E  K  N  M
L  O  A  Q  D  A  I  A  I  P  E  S  H  I  X  J
M  G  E  I  K  S  D  I  D  P  A  D  B  K  G  H
G  E  A  L  N  V  H  D  È  U  N  K  U  M  S  E
F  D  D  H  I  S  E  H  A  R  Y  E  D  R  F  Z
U  N  E  U  P  Z  G  E  N  P  U  J  O  O  E  F
C  V  V  J  A  Q  L  A  T  A  Y  R  N  H  V  D
H  U  A  I  N  E  B  N  A  I  A  G  N  G  O  J
S  R  U  L  T  D  G  B  A  D  H  X  O  R  G  P
I  B  M  A  A  U  I  M  N  H  U  T  B  U  J  R
A  K  A  G  W  O  D  Q  N  E  R  G  T  E  Q  Y
V  I  I  A  G  L  N  G  Y  K  G  P  Y  P  X  Y
R  Y  P  W  Y  U  E  S  C  K  V  N  O  S  B  V
W  N  A  I  X  Q  Z  N  S  I  O  X  X  G  C  U
T  B  P  Y  K  H  Z  P  L  Y  P  I  G  T  N  L
```

ORAINS
SPEUR-GHORM
BEIGE
GEAL
GORM
: SAIDHEAN
FUCHSIA
BUIDHE
GLAS

MAIDÈANTA ANN
DONN
DUBH
PINK
RED
SEPIA
UAINE
PURPAIDH

70 - Spiaggia

```
B M M O L U Y G K G T E T Y R V
Q A X M Z Z M Q I M Q B A X U A
F Y I J S X F B Y C D B Y X A C
P R J N D J E A R Y H I R M C A
N U A E C P Q R J E S W D V Q T
Z H S N J G Y C M S L E W O T I
E H B Q U O T C P R A L O M M O
Y D H D G R I O N E D T A N Y N
S O Z N L M X J P J N D T S E A
A C G F T A O B L I A S À R Y Q
N A E C O R G A D W S N B G C I
D A M H À I N O E Z Z Y T A G T
P J T C M M O D O Z U C I I O K
E B M I M C F V V N A E L I E B
D O Q Q Z E X T K H T F T Y A U
Q E X N F Q F S T D N T R U K L
```

TOWEL
BÀTA
SAILBOAT
GORM
A-MHÀIN
DOC
CRAB
EILEAN
LAGOON

SEA
OCEAN
UMBRELLA
SAND
SANDALS
JERSEY
DIDO
VACATION

71 - Bellezza

```
U F S N A E S I E H B R I E S E
N M F E C F C G U F H S O L U L
P Q O Z Y J I Q B R M T D B O E
H D A U B R S Q A A A Y T H M G
M O L A D H S C T G S L S M A A
J B K W H U O H H R C I K G H N
F C P B E O R A A A S I A M T
M F Q Y T L S R R N R T N R Ì U
L V R J R A E M S C A T F A N V
D S L R U C O G E E C Q S V F D
A G H T A Z N I A R B C I S U M
T Z R A D C F M H N A H Y G B V
H B W A M K P J J N C R F C W I
C H E P C P O E A O F E G R I P
K H H A X E O C O S M E T I C S
C R C I N E G O T O H P W G R K
```

DATH
COSMETICS
ELEGANT
ELEGANCE
CHARM
SCISSORS
PHOTOGENIC
FRAGRANCE
GRACE
MÌN

MASCARA
SKIN
BATHAR
MUSICBRAINZ
CURLS
RI
SEIRBHEISEAN
SHAMPOO
MOLADH
STYLIST

72 - Avventura

```
D M C S Z Q S U X C P B D T U S
H L C O U W L J R H O H I K P À
C L E S T A N V O E T O J C Ù B
A L Q A Q H J O Y A M W N L R H
E W E E S D R O X N W D T E A A
H R U T A N U O F N H J M A N I
G U F W L T A Z M U C A N S C L
I J Z Y A X Z S K I L U O U A T
A D A O E B H P A D A O I S R E
N W Ù O D I M Z I H B E S Y A A
G D R B D S T V Q E A L R B I C
T Q E U H D A H C A L L U U D H
O Q N Y R A R E N I T I C V E D
B V P G B B L G W K T À X Y A C
H R H C A T R A N N U C E C N L
Z H I J T F R A N F O O L M Y Q
```

CARAIDEAN
CLEAS
ÀILLE
COTHROM
CHEANN-UIDHE
DLEASNAS
DEALAS
EXCURSION
JOY

ITINERARY
NATUR
NAIGHEACHD
ÙR
CUNNARTACH
ULLACHADH
DÙBHALAN
SÀBHAILTEACHD

73 - Forme

```
Q  J  S  S  F  T  C  H  Z  H  R  E  B  U  C  W
V  D  I  S  G  M  G  H  C  T  E  L  B  C  E  B
A  K  E  A  N  Y  C  R  W  Q  Y  L  S  R  T  F
R  F  A  P  D  D  E  I  Y  O  X  I  V  I  L  O
P  R  I  S  M  R  A  V  L  P  V  P  U  A  A  G
M  W  T  T  M  X  R  S  R  B  R  S  O  D  O  R
N  J  J  I  K  X  C  S  Y  U  U  E  Y  N  T  Z
P  C  E  A  N  N  A  N  L  L  C  R  D  A  N  F
E  L  C  N  A  I  L  A  V  O  B  W  O  L  A  L
B  E  J  O  O  I  L  L  N  A  E  S  I  O  T  C
I  B  G  G  N  C  O  L  U  U  R  L  L  I  N  E
B  I  T  Y  P  Y  R  A  M  I  D  C  W  S  A  B
S  J  A  L  O  A  Y  M  Z  M  Y  H  R  H  I  R
G  O  O  O  B  A  L  O  B  R  E  P  Y  H  R  A
Y  T  B  P  U  Y  R  I  T  I  Y  N  G  J  T  F
J  C  H  G  F  P  J  H  J  Q  J  T  D  Y  F  U
```

OISEAN	HYPERBOLA
ARC	TAOBH
IOMALLAN	LINE
CEARCALL	OVAL
SIOLANDAIR	PYRAMID
CONE	POLYGON
CUBE	PRISM
CURVE	CEANN
ELLIPSE	TRIANTAN

74 - Oceano

```
B N M J S K G J P C M H E T T X
N V W K S X S D Y R H U A R P N
I C O R A L E A D A A Z S W P S
J L P A T E V O L B R S G S A I
C V D H À T A W Y A A G A E D Y
Q R Y S B I W Q E S N O N J U E
S T O R M D W V S H T N N E W D
T U A P U E L T R U T E N L S O
V X P F T S E I E U O Y R L E L
R V L O W J Y F J R F D S Y A P
F D H P T A P L Y T U N A F N H
R R C Y S C Y C T B K U K I M I
T D P L S P O N G E X L Q S H N
J G D R N Q N V K N I G X H A H
J E R H A W A W L A Z Q U B I R
L P I E P A S E C N Y U V O R S
```

EASGANN	OYSTER
- MHARA	IASG
BÀTA	OCTOPUS
CORAL	SALANN
DOLPHIN	JERSEY
SEANMHAIR	SPONGE
CRAB	SHARK
TIDES	TURTLE
JELLYFISH	STORM
WAVES	TUNA

75 - Famiglia

```
F  E  P  H  Q  P  Z  N  H  R  I  A  H  T  À  M
A  R  U  J  K  H  H  G  P  I  B  N  N  G  V  Y
B  R  Y  L  D  L  Q  N  N  A  L  C  D  Q  Z  G
M  H  L  A  M  Q  W  M  E  N  W  E  H  P  E  N
B  E  A  N  J  B  Q  W  G  A  G  S  N  X  U  E
P  P  N  U  A  I  R  S  I  E  O  T  X  I  C  Y
H  Y  R  Q  M  S  B  B  Ò  S  H  O  V  I  U  V
I  R  E  C  B  R  O  T  H  E  R  R  M  R  D  D
G  L  T  N  I  G  H  E  A  N  H  I  F  R  Y  G
Z  W  A  P  I  U  T  H  A  R  C  A  I  M  Z  Y
E  N  P  N  Q  G  B  Q  I  M  O  H  Z  Y  T  O
A  A  N  T  R  O  H  E  L  W  O  T  A  W  V  N
I  I  G  S  S  E  D  Z  D  U  G  A  K  U  Y  V
V  V  V  C  Z  A  T  B  X  K  H  S  M  F  N  C
L  B  L  E  Y  X  S  A  F  B  A  S  L  I  M  T
C  N  J  I  R  I  A  H  M  N  A  E  S  Z  N  I
```

ANCESTOR
CLANN
CO-OGHA
NIGHEAN
BROTHER
A H-ÒIGE,
MÀTHAIR
DUINE
MATERNAL

BEAN
NEPHEW
SEANMHAIR
SEANAIR
ATHAIR
PATERNAL
PIUTHAR
AUNT
UAIR

76 - Veicoli

```
H S F R R H R U T F Z C N E P S
K Q X O O O P L Y C E A N T L U
E K B U S T C S X T S R A T À B
U C S R Y F H A Q Y P À R I R M
Z O Z K L A R A I W J C B Y A A
B S W T J R E T I D C H H A I R
J J K J W T M A G R A B D W D I
N F N C K F R C P V R T A B H N
S H U T T L E S O F A B O U T E
U M Z F O P E A Y L V R M S O S
C X N M P D E I O X A V H X X U
V P U U B B W D D U N A È R T J
T R A C T A R H G A P I V B F R
H E I L E A C O P T A I R M M M
C S M T I R E S I S H D X H O Z
K K S C O O T E R P N R T Y J P
```

ADHBRANN	SHUTTLE
CÀR	TIRES
BUS	ROCAID
BÀTA	SCOOTER
ROTHAIR	SUBMARINE
LÀRAIDH	TACSAIDH
CARAVAN	FERRY
HEILEACOPTAIR	TRACTAR
SUBWAY	TRÈAN
CO	RAFT

77 - Paesi #1

```
V R B A T O G A L A I C H E A N
J O R Y P U P T M L B O D B J L
U M A J Z H J J A I X C I H O P
L À Z M V R O T F B D K H I O T
E I I M U B Y L K I C U B E F R
A N L W È F X I A A S X I T C W
R I O I I O G A W I M W R N S E
S A H E P E F M I E N À R A I S
I P C Q H A Y R K Y P N I M P U
K J À R I Y D A I H L Y N L J O
I F E I T R V E B C A R O I I M
S V A W N X C H G A G S C U B A
I K M H J N B G L N A I O K Y I
H N C U D G O A S A N W R O C D
P A N A M A D M J D E X O E Q H
A N E A D A I L T A S V M J P U
```

BRAZIL
TOGALAICHEAN
CANADA
ÈIPHIT
SUOMAIDH
A 'GHEARMAILT
IORAC
ISRAEL
AN EADAILT
WIKI

LIBIA
MÀILI
MOROCO
NIRRIBHIDH
PANAMA
A 'PHOLAINN
ROMÀINIA
SENAGAL
SPÀINN
BHIETNAM

78 - Geometria

```
N  I  W  C  C  G  J  J  S  U  À  C  I  C  J  D
U  Y  Z  H  Ò  E  P  Y  G  E  I  E  N  A  G  O
A  C  D  Q  P  M  A  R  G  N  R  A  G  L  L  O
O  N  M  O  Y  D  H  N  I  D  E  R  H  C  Z  S
Z  V  E  V  R  U  C  N  N  W  A  C  E  U  U  R
H  B  A  I  L  W  V  A  A  L  M  A  A  L  F  O
D  U  D  U  E  M  P  T  À  R  H  L  R  A  W  K
I  N  H  E  L  J  D  N  K  I  D  L  A  T  I  U
R  H  A  K  L  N  V  A  S  D  R  C  C  I  S  C
I  G  N  L  A  X  B  I  Z  W  Z  D  H  O  Y  E
Ò  I  A  G  R  M  R  R  W  B  V  O  E  N  M  À
E  U  N  D  A  M  O  T  L  O  G  I  C  T  M  R
H  N  O  I  P  Q  Y  P  G  S  Z  H  R  B  E  N
T  R  A  S  T  T  H  O  M  H  A  S  K  I  T  M
H  U  S  N  H  E  W  X  P  S  U  Y  B  H  R  R
A  S  O  I  A  U  M  M  N  E  W  T  V  P  Y  N
```

ÀIRDE
CEÀRN
CALCULATION
CEARCALL
CURVE
TRAST-THOMHAS
MEUD
URNUIGH
LOGIC
TOMAD

MEADHANAN
ÀIREAMH
CÒMHNARD
PARALLEL
CEANN
SYMMETRY
THEÒIRIDH
TRIANTAN
INGHEARACH

79 - Competenze Lavorative

```
B S G B W È C O N A L T R A D H
T E K G O C I O D H C U O M J D
M N W P E U X F L H D I Ì O I I
U R N U I G H U E D Z Z F D Y Z
D E S I N A G R O A H T V H X V
U L L A C H A D H L C M T A L F
X B A H P C E N F H Y H M I I A
H A L K I A N Y I G F H D L A T
S T S A D R A N N A E C V A H U
M P T B Q G H X E I H D S F C D
N A B X M A V Y U R B F O U A H
S D J M E E V I T N E T T A H I
P A V C O R F R I E N D L Y T J
B A N K N F H W E X L W Q E U Q
D K O C H A R I S M A T I C R O
C O O P E R A T I V E Q N I C C
```

ADAPTABLE
FRIENDLY
ATTENTIVE
FÌOR
CHARISMATIC
CONALTRADH
COOPERATIVE
CRUTHACHAIL
DH'

ÈIFEACHDACH
RIAGHLADH
URNUIGH
CEANNARDAS
ORGANISED
ULLACHADH
FREAGRACH
MODHAIL

80 - Edifici

```
S C B O J B W C T A P N H C A M
G U I D U S P A L A T H A Z W N
Ì R C N B B H I C A B I N Y I X
R N B W E L D S H T Ù H B R Ò M
E U G H D M I T S F Ù U A A U U
O I V N R T A E H T S R V S O W
B G C E T M R A F X Z L F J M Q
S H Q S L E A L M P S O R À S Q
E C Y J G F T G C G E G L Q X K
R H H B Z I C O S M Y D O F M O
V L I A H B A S T N A U S I Q T
A F G F D C F P W A T J B B L E
T S X M J K Q I E M B A S S Y N
O R R F V G H D A E R I E H D T
R H X L J M Y A T S Ò H G I A T
Y E Y E J R C L J G O T X T S F
```

EMBASSY
ÀROS
CABIN
CAISTEAL
CINEMA
FACTARAIDH
FARM
AN T-SABHAIL
TAIGH-ÒSTA
LATHA

OSPIDAL
OBSERVATORY
SGÌRE
SGOIL
DHEIREADH
MÒR-BHÙTH
THEATR
TENT
TÙR
URNUIGH

81 - Malattia

```
H C A D A E N I G S L À I N T E
I I M Z T M L E I G H E A S C R
N M F I M O N H S A A H W D V H
F M U I O R A B M U L L O U Q D
L U L H M D T L A N I M O D B A
A N Y R A N O M L U P T Q Z T R
M I W M A Y M O D E H D I R C H
M T O T M S X C Q V R Y T H H M
A Y H N X A N B K Z G R A T O
T Q G A B H A L T A C H I C I C
I T I B G N O P W M T X A E K I
O P U U P P I T B A D C G W S N
N M N V L V D M I H F H A E T O
H I R L A I R E T C A B E H N R
H B U B G I N I A X C G R P X H
N E U R O P A T H Y M R F I I C
```

ABDOMINAL
ALLERGIES
BACTERIAL
URNUIGH
GABHALTACH
COMHRADH
CHRONIC
CRIDHE
LAG
BHA

GINEADACH
IMMUNITY
INFLAMMATION
LUMBAR
NEUROPATHY
PULMONARY
FREAGAIRT
SLÀINTE
SYNDROME
LEIGHEAS

82 - Paesi #2

```
P  N  R  N  P  Z  E  N  I  K  K  A  M  L  S  Q
Y  A  E  D  I  A  M  E  U  G  A  N  E  À  O  V
X  N  C  A  M  O  P  R  Z  V  P  R  X  T  M  X
B  X  R  A  P  J  C  H  V  Q  L  U  I  H  À  K
X  X  L  J  S  À  I  T  I  A  H  I  C  O  I  L
X  O  E  Y  Q  T  L  N  C  C  I  S  O  S  L  B
K  J  R  Z  W  Q  A  I  N  I  À  B  L  A  I  Y
W  C  R  I  A  H  M  N  A  D  N  A  V  B  A  V
T  W  X  L  M  N  N  N  P  K  I  N  I  W  L  S
A  G  H  R  È  I  G  I  A  Z  D  N  R  I  W  U
U  A  D  Z  B  A  I  R  I  È  G  I  N  I  V  D
L  I  B  È  I  R  R  I  E  J  L  L  E  S  X  A
W  J  K  L  R  G  J  È  K  C  N  O  I  B  E  N
C  K  N  S  E  U  O  N  L  L  Y  K  T  I  D  L
B  Q  P  B  Y  E  M  E  N  G  I  G  Q  A  S  M
C  B  D  U  K  V  R  Q  I  P  V  J  X  F  G  C
```

ALBÀINIA	LIBÈIR
AN DANMHAIRC	MEXICO
NA	NEAPÀL
DIAMEUGA	NIGÈIRIA
IAPAN	PACASTAN
A 'GHRÈIG	AN RUIS
HAITI	YEMEN
INND INNSE	SOMÀILIA
ÈIRINN	SUDAN
LÀTHOS	UGRAIN

83 - Tipi di Capelli

```
M  C  S  T  X  J  W  C  P  G  R  G  H  C  W  R
P  U  H  I  E  X  N  D  L  F  E  E  R  L  G  U
U  R  I  U  F  M  Q  H  C  A  T  A  E  L  P  O
D  L  N  G  T  M  F  U  H  S  H  L  T  L  A  P
G  Y  Y  H  B  W  Ì  V  I  P  T  A  N  I  H  T
D  O  Q  S  F  A  I  N  H  G  A  L  I  N  V  K
A  F  I  F  A  P  J  N  B  K  D  Q  À  V  T  F
T  T  D  R  E  V  R  O  L  F  O  U  L  R  P  Z
K  N  L  X  I  L  J  D  A  F  A  K  S  S  B  K
J  B  H  B  U  D  S  K  R  H  F  W  X  D  P  G
G  L  A  S  R  I  L  O  B  A  L  D  B  W  X  D
B  M  O  L  S  A  R  M  F  W  X  L  F  M  E  N
L  T  A  O  M  R  U  A  R  T  F  P  L  Q  N  V
E  Q  P  P  C  B  C  A  Q  Y  O  J  A  A  D  R
L  U  G  T  I  X  D  P  N  I  W  D  Y  B  U  M
S  O  N  H  A  W  G  Z  F  E  A  Y  K  Z  Q  H
```

GEAL	DONN
BLAR	SOFT
GOIRID	DUBH
BALD	MFU
DATHTE	CURLY
GLAS	CURLS
PLEATACH	SLÀINTE
MÌN	THIN
SHINY	TIUGH
FAD	BRAID

84 - Vestiti

```
X  D  H  U  J  D  P  W  L  È  I  N  E  G  M  Q
M  T  O  L  Q  W  G  A  S  S  A  H  J  A  E  V
E  N  D  A  S  Ì  O  S  N  A  E  J  A  L  A  X
J  S  N  P  I  T  E  M  J  T  A  Z  M  Q  F  G
I  A  U  R  E  T  A  E  W  S  S  E  E  D  E  A
Q  N  R  O  X  T  Q  W  A  P  Z  G  O  C  Z  B
L  D  A  N  L  S  P  S  L  R  W  L  U  F  L  N
I  A  J  R  D  B  K  U  Z  O  C  O  C  J  A  E
D  L  O  E  F  A  S  A  I  N  Z  V  I  Z  Q  C
O  S  J  A  T  S  Y  O  B  S  G  E  R  A  W  K
C  A  B  L  A  H  A  N  C  J  E  S  M  O  R  L
T  M  H  O  Z  O  F  F  N  G  F  A  C  Q  Q  A
O  A  Y  G  T  E  L  E  C  A  R  B  C  W  Y  C
R  J  S  I  F  G  W  T  B  R  A  F  B  A  V  E
T  A  M  A  P  A  M  G  V  I  C  E  X  B  I  Z
A  P  U  Q  Z  S  O  I  E  T  S  Z  T  W  F  D
```

DOCTOR	APRON
BRACELET	GLOVES
BLOUSE	JEANS
LÈINE	SWEATER
AD	FASAIN
MAPA	PANTS
NA H-ALBA	PAJAMAS
NECKLACE	SANDALS
SEACAID	SHOE
SÌOS	SCARF

85 - Tecnologia

```
C H T S A Q T U F H L I B M B F
A G J F M T R R B L O G H R Y A
B H V I W G G U O D Y N R F T I
E A D A R L Ì O N Ì S N A E E D
D I D S E A T A C H H V B A S H
F R J F J Y C R B C K F H R G L
R A N N S A C H A D H N S T B E
B O W I N J N J N C V Y A A P D
A O S C I T S I T A T S I T M È
T S U R I V S C H K G M R H T A
H P D C U C R U T H C L Ò A W N
A G À U A C S G R Ì N K Y I F A
R H T E V M X X H L E Z W C M M
B G A U G R A F N M R N K H C H
O C V B R X P R G H Y W S W F O
G A C W W I E P A O I Q G S W D
```

BLOG	EADAR-LÌON
BHRABHSAIR	FEAR-TATHAICH
BYTES	SGRÌN
RANNSACHADH	DÈANAMH
CURSOR	BATHAR-BOG
DÀTA	STATISTICS
DIDSEATACH	CAMARA
FAIDHLE	MAS-FHÌOR
CRUTH-CLÒ	VIRUS

86 - Arte

```
H C A E R D D A I H C Z E D S U
C O P E A R S A N T A Q L C C R
R E N L È I R S I N N V Q V U N
O Q R E G I Z K B Z D R B C L U
T O O A S A V V F J Q X V A P I
S K D J M T S I M P L I D H T G
I U S M P I A J M C B S N D U H
O I R K K D C O I O I K A A R T
M Z I R X H G J A B P L H R E W
F K A O E C X N U H G L B M P G
H D A H C A N S O R B Z L O T J
I P L T P D L C R U T H A I C H
L D H S N R N I O P I X E W E F
L D M E U À U S S M O O D E W L
T J A Z L B Z L V M R R S Q T V
E D S M W S L N C O M H R A D H
```

CERAMIC   PEARSANTA
IOM-FHILLTE   BÀRDACHD
COMHRADH   SCULPTURE
CRUTHAICH   SIMPLIDH
DEALBHAN   SAMHLA
IOMRADH   URNUIGH
BROSNACHADH   SURREALISM
HONEST   MOOD
CHIAD DREACH   LÈIRSINN

87 - Meteo

```
G H R C E D M Z M S O M X T I B
H E V S B R M A G K N I Ù I C N
G R À J P O W G R Y H L E R L L
C Ì T R S U V U A B C D L I U T
V T E N R G B N L T H H I N F H
G R S V F H W K O R W C A O Q Y
L V Y K H T H O P O Z A H O A U
I O M G H A O T H P L H B S Y L
S Y U R N U I G H A S T D N F X
Y B O Y F Q T W S I T Ò R O Q K
E L J O B D A L Q G O E À M A Q
J O G Z E E T X K E R T N K I F
N C W O A I S H Z A M H A J G K
T P I X P G G F A C Y B X Z L W
C L O U D H Q G D H W H K K Q G
C L B O G H A F R O I S C H J T
```

TUIL	GEÀRR
BOGHA-FROIS	POLAR
AN ÀRD-BHAILE	DROUGHT
CIÙIN	TEÒTHACHD
SKY	STORM
TÌRE	IOMGHAOTH
LAOIDH	TROPAIGEACH
DEIGH	MILD
MONSOON	MARBH
CLOUD	URNUIGH

88 - Corpo Umano

```
A C U P T U N V O Z K W Q C C U
A M H N N D I B I L E A N R E P
P W H I G U X D B X L J I I A Z
E Q T A N B C F M J K Y A D N W
U O Ì F I H C L E E N K R H N Q
V N G E N C E I U G A V B E C Q
G S S A Y B H Ù A A S K I N E N
G Q W S O W G S G M S M P N V X
L C T V B O I T X A I C T A I O
V P J L À M H V V T O T X D U I
E B Y U V G Q Q G S A D X O C M
W N O E L B O W D D L T I A T G
P B T B G F F U R G L S U W P E
F W O Y D T V I P J T B G K U E
D U G M P A Q H H V J D J L M F
M S F A D F O X R E B F W S A Z
```

BEUL
ANKLE
BRAIN
AMHAICH
CRIDHE
AODANN
KNEE
ELBOW
BILEAN
LÀMH

JAW
CHIN
AOIS
SÙIL
CLUAS
SKIN
DUBH
SGÌTH
STAMAG
CEANN

89 - Mammiferi

```
V C U R C N T Y W Y F Q K F H K
I O G D W M B R E X L Q R M Z D
D F Z T P B M G P G J K Z P H H
W Y B S S F M Z F G H D M B T I
U G Ù Q R A R B E Z U J V K H J
T A C M M R M H A R A Q L W R P
V E T O Y O C G E V B Y L O K F
Y L N N T I B B A R F E E L A X
A L A K I S B A C J M C E F N N
A I H E D H F E H O G G R O G H
I U P Y N D P L A J X O F S A S
O D E I U I Y L I R I R Y T R U
Y J L H P È K L O O A I T B O I
T M E W G F M U Q D N L P A O D
E D Y P M U W B J I Y L O M Z P
R X I H D S J P T V C A Z Y D K
```

- MHARA
CÙ
KANGAROO
EACH
FÈIDH
RABBIT
COYOTE
DOLPHIN
ELEPHANT
CAT

SIORAF
GORILLA
LION
WOLF
BEAR
DUILLEAG
MONKEY
BULL
FOX
ZEBRA

90 - Arrampicata

```
A C U G X A Q R L M Q X V T C C
E I X N U A M H F V Z I I K U Y
Ò D R I A B A J O O V P B L L D
L Z Y A D N M L F M N J N M A W
A Q F H M G L T E L G Ò B B I Y
I G R M D H C A H M S A E S D Q
C C J U S F A H Y N E D L L H H
H X O H M L R P R E V Ù I I G H
E R Z C R Z E Y A A O B A Ù B I
T R È A N A D H W R L H H I O K
G A H W R S U A O T G A B N O I
E R Ì T A H T U R H C L D Z T N
H C T S M C I T K K Z A R V S G
E G O B U R T N T Y E N À T Q F
Z X T L P S L K W D F W N L F S
R R L Z M Q A C B K V I A T X K
```

ALTITUDE
AN ÀRD-BHAILE
CULAIDH
HIKING
EÒLAICHE
TRÈANADH
NEART
UAMH
GLOVES

IÙIL
LEÒN
AIR A ' MHAPA
DÙBHALAN
SEASMHACHD
BOOTS
CHUMHAING
CHRUTHA-TÌRE

91 - Cucina

```
A F V G H S N R A J C D U K L P
P O V U L G A E Q K H W B L A R
R R P Y X E P C Z N O G C X O U
O K W P N I K I E B P E O À I C
N S A T W N I P L W S E P M D A
S K S H L E N E R L T X A H H R
S Z C X J A X C M A I B I A E B
F X A B J N G I D L C R N I A A
D R Y F I I E U S H K I G N N D
G W E D J U Q J R B S W Y N L I
Z I G E T U R L U O E D U W U Q
F Z N R Z F G Z O B J Z W J M I
F V O Y A E J B D L L L A S K J
T Q P H E I R D Y K P N H R G B
X D S N X S D Y S W J R M K K W
K F S C V Y J B Z N J U C K M X
```

CHOPSTICKS	CARBAD
JUG	APRON
BIA	GRILL
BOBHLA	RECIPE
SGEINEAN	LAOIDHEAN
FREEZER	SPONGE
JUICE	COPAIN
FORKS	NAPKIN
ÀMHAINN	JAR

92 - Giardinaggio

```
S O I T H E A C H D A L O M O T
B N Z A W Q W P B L O Ì S D S O
Q L A C I N A T O B E C J I H H
F J O G N D X S S S G A F K O Ù
K S C S N T M I G A S M F W R I
E U O F S T Y O Z Q I F I B C R
A R M G S O E M N Q U B E X H V
M M P J Q T M H H U D Y O M A O
W F O L H U T Ì R E T W M Y R N
F L S R À I T H E I L R C X D L
I O T B U N P E U W U A T W I O
A R U V C W J U A Z V D K W E T
K A T E U Q U O B K J W P W S F
P L M E Y Q I R S J Z N Z F X Z
H E V I D E G A I L O F T Z M U
M G M E N Z Q N A N J L K X X M
```

UISGE
BOTANICAL
TÌRE
COMPOST
SOITHEACH
MOLADH
BLOSSOM
FLORAL
LEAF

FOLIAGE
ORCHARD
BOUQUET
SÌOL
MIX
RÀITHEIL
ÙIR
ORAN
MOIST

93 - Universo

```
Y K S N N J J Q T G K A M C R A
N I T O A D O L R A Y S B A A S
C F O B L F L R I L H T G O O H
T D Z E A S W J A A E R J C P E
Z C I R N O T C U X M O C R G A
I A E T A M J I H Y I N M C N L
C I R F P W W K C O S O A G D L
U D P F L K I B L E P M A Y O T
D O M H A N L E U D H Y M H M A
I Z T U I S O L E O E O P N H I
O J B Y T P Y O R L R Y G V A N
R K D E S R M J M M E V H Z N N
E T J Q E C O S M I C K G B F T
T V H E L I A H B D R À N A H V
S X J R E M O N O R T S A S A F
A R F Q C D A R K N E S S I D H
```

ASTEROID
ASTRONOMY
ASTRONOMER
AN ÀRD-BHAILE
DARKNESS
CELESTIAL
SKY
COSMIC
HEMISPHERE
GALAXY

DOMHAN-LEUD
DOMHAN-FHAD
MOON
REUL-CHUAIRT
MA
PANALAN
SOLSTICE
LE
A SHEALLTAINN
ZODIAC

94 - Jazz

```
C O M H R A D H C S C Q R V G J
T L Ò E C S L E L H D I O T S I
E E L W F R M F À L O K T I W D
C A U G X Ò E H R C W O D K H C
H S C A W E A R T S E H C R O U
N A H D R S L S H Y N M T N D I
I C D H X A A S V I H C Q U R D
Q H C A P M I R B R Ò R A N U E
U A I O Q T N A L À T Q F N M A
E D Ù I E U U A C A E G E I A M
D H I S P C U P O Ù G E I H I R
W Z L G P C W N N R X H U G C M
W E Q J I N P V C N G R T I H K
L K S C D I L I E M N I A A E U
A Q A O S O I L R Y S D Z F A O
H S S P L D Y D T M W Z N L N J
```

CLÀR	CEÒL
EALAIN	LUCHD-CIÙIL
DRUMAICHEAN	ÙR
ÒRAN	ORCHESTRA
COMHRADH	FAIGHINN
CONCERT	RHYTHM
CUIDEAM	STOIDHLE
AINMEIL	TÀLANT
SEÒRSA	TECHNIQUE
LEASACHADH	A DH'AOIS

95 - Vacanze #2

```
C T A I G H Ò S T A B B Q C Y B
N A H B L A E D O P H B N G R E
C Q M Z D C G R M J J V Q G M A
C Ò U P Q N A E H D I A L O M C
H A M I A A E O O O E Q P U A H
E I E H J D S I U T U U Y W L K
A R T F D A H D I A S C A T Y T
N A È R T H P H U I G K N I X E
N M B V N C A W T R O P S S A P
U H C E E A S I V P E O I T E A
I A J K T E J G L O M I D S P U
D P S L P S Z U T R S Z L H T L
H A F U A R H S V T Z F U E O F
E W K B X U E D Y O D O P Y A F
T U R A S C L A O I D H L M E N
F O R E I G N E R M H W U L Q C
```

AIRPORT
CAMPADH
CHEANN-UIDHE
DEALBHAN
TAIGH-ÒSTA
EILEAN
AIR A ' MHAPA
SEA
PASSPORT
MOLAIDHEAN

BEACH
FOREIGNER
TACSAIDH
CUR-SEACHADAN
TENT
CÒMHDHAIL
TRÈAN
LAOIDH
TURAS
VISA

96 - Attività

```
E C K S X H Z X A U X W J E P P
N I V V G S Z J M H M V S F H E
J G A E Z I X K J S T L H I O A
B A A S K O L M C V P C B G T N
A M I M G H D A H G U E L H O T
J Z V Q D A R O Y I D C M E G A
O V M Q C G I T U S A W Y L R D
T D Y G J P Ù R R L N S I C A H
S E Ò R R L I N W V N C T Q P W
S E A L G E C C H D S D J O H C
J S G Q C A R L N I A L A E Y A
X T D X J S I E B O K W L K P M
T B R H V U A A Z I H I D A C P
V Y Y W K R B S X F Z E N S K A
W N R W K E O L A O I D H G L D
C U R S E A C H A D A N C B Q H
```

SGIL
EALAIN
OBAIR-CIÙIRD
CLEAS
SEALG
CAMPADH
SEÒRR
DANNSA
HIKING

PHOTOGRAPHY
LEUGHADH
MAGIC
FIGHE
IASGAIR
PLEASURE
PEANTADH
LAOIDH
CUR-SEACHADAN

97 - Diplomazia

```
H  U  M  A  N  I  T  A  R  I  A  N  T  X  O  K
A  Y  Q  H  H  V  E  L  R  Ì  A  H  M  O  C  C
S  H  A  O  R  A  N  A  I  C  H  V  K  Y  A  O
I  G  B  V  O  X  M  X  Y  U  J  X  O  N  T  O
B  E  D  Z  W  I  I  F  D  D  Q  D  U  R  H  B
T  R  E  I  B  H  D  H  I  R  E  A  S  A  A  R
R  U  T  Q  R  Y  O  C  E  A  R  T  O  N  R  A
I  P  R  R  E  C  Ò  M  H  S  T  R  I  N  R  C
A  O  L  N  H  M  A  N  A  È  D  C  A  S  A  H
G  I  A  A  A  M  B  X  S  M  F  Ò  I  A  C  A
A  L  V  N  F  I  A  A  K  P  W  M  L  C  G  D
E  I  J  À  O  M  G  A  S  P  S  H  V  H  A  H
R  T  A  C  B  X  R  H  J  S  N  L  R  A  E  B
F  I  T  O  S  G  A  I  R  E  Y  A  H  D  J  L
Q  G  B  E  U  S  E  Ò  L  A  S  Y  M  H  Y  P
D  S  O  H  A  E  O  R  I  A  G  H  L  A  D  H
```

EMBASSY	CEART
TOSGAIRE	RIAGHLADH
SHAORANAICH	TREIBHDHIREAS
CATHARRA	CÀNAN
CÒMHSTRI	POILITIGS
COMHAIRLE	RANNSACHADH
CO-OBRACHADH	DÈANAMH
IS	FREAGAIRT
URNAIGH	CÒMHLA
BEUS-EÒLAS	HUMANITARIAN

98 - Forniture Artistiche

```
L  V  S  F  T  O  Z  P  A  C  C  B  C  G  W  O
N  Z  S  Q  O  D  G  À  N  A  H  T  A  D  A  G
D  W  M  X  H  M  K  I  R  T  B  N  L  J  T  O
H  Q  M  E  D  R  W  P  C  H  R  S  O  T  E  S
B  R  B  U  A  E  L  E  U  R  U  U  V  Q  R  S
A  E  D  L  H  S  S  A  S  A  I  C  W  S  C  P
Z  G  A  G  C  A  E  R  F  I  S  A  Z  J  O  E
J  S  Z  C  A  R  C  L  B  C  E  M  V  I  L  N
K  I  L  C  H  E  U  R  K  H  A  A  M  F  O  C
Y  U  Q  P  T  D  D  J  Y  E  N  R  E  N  R  I
F  M  R  X  U  C  A  O  A  L  L  A  R  Z  S  L
G  A  M  K  R  A  E  N  L  P  I  C  L  À  R  S
J  U  N  L  C  O  K  U  C  S  I  C  Q  N  G  S
I  N  C  D  U  B  H  W  F  P  U  E  S  T  K  Q
O  I  R  P  D  B  G  I  F  B  U  Y  H  K  O  C
E  C  G  S  O  L  J  N  S  W  W  W  N  B  J  R
```

UISGE   ERASER
WATERCOLORS   BEACHDAN
ACRYLIC   INC DUBH
CLAY   PENCILS
PÀIPEAR   OLA
EASEL   CATHRAICHE
GLUE   BRUISEAN
DATHAN   CLÀR
CRUTHACHADH   CAMARA

99 - Misurazioni

```
X  T  D  N  Y  L  L  M  D  A  M  O  T  R  A  K
Y  E  P  K  M  B  U  T  E  I  T  O  N  M  J  I
B  M  H  N  C  A  V  W  C  D  A  N  O  I  G  L
G  R  A  M  O  I  F  M  I  E  C  N  U  O  Q  O
E  F  M  S  L  D  M  D  M  T  F  U  O  Y  F  M
W  U  Y  V  J  H  A  M  A  R  G  O  L  I  K  E
O  D  D  H  G  T  R  B  L  S  P  F  V  B  M  T
F  A  I  D  U  E  L  K  G  A  S  F  B  C  O  E
S  O  O  N  H  X  B  T  K  R  A  C  F  H  L  R
A  B  H  I  T  H  A  S  W  U  Z  L  X  U  I  V
À  Q  F  G  V  S  L  S  B  Y  C  D  V  B  T  J
Q  I  V  Z  I  M  H  E  A  T  A  I  R  C  I  Y
W  Z  R  G  V  U  Ò  I  R  L  E  A  C  H  R  N
X  X  D  D  R  E  N  P  B  X  I  S  Y  D  B  Z
F  A  Z  D  E  C  M  R  V  H  X  S  A  R  M  L
W  Z  D  W  W  H  E  A  U  L  R  Y  Z  P  P  S
```

ÀIRDE	FAID
BAIDHT	TOMAD
IONAD	MHEATAIR
KILOGRAM	MIONAID
KILOMETER	OUNCE
DECIMAL	URNUIGH
CEUM	ÒIRLEACH
GRAM	A BHITH A
LEUD	TON
LITIR	

1 - Salute e Benessere #2

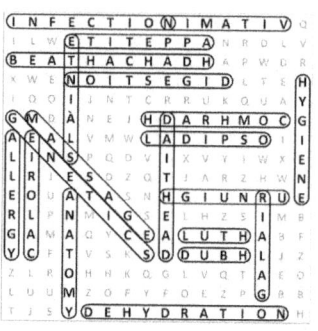

2 - Aggettivi #2

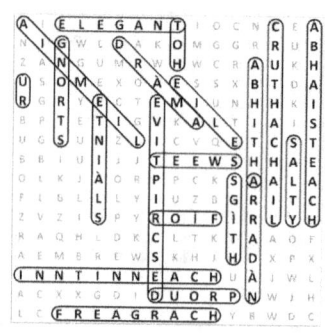

3 - Ingegneria

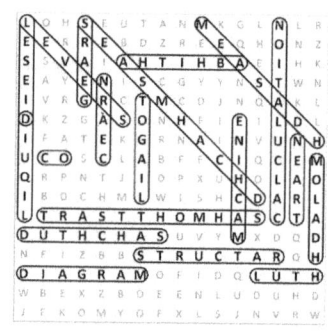

4 - Archeologia

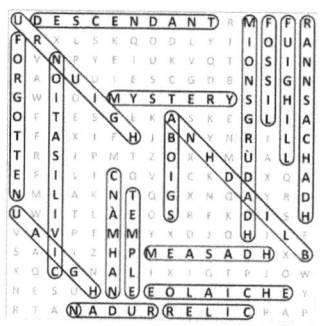

5 - Salute e Benessere #1

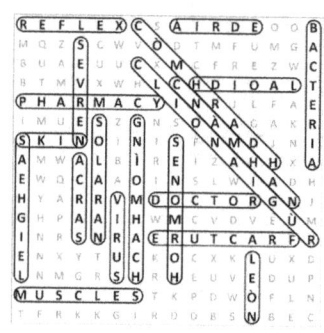

6 - Aggettivi #1

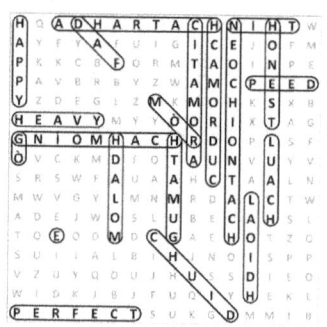

7 - Geologia

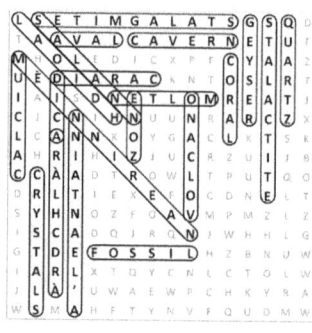

8 - Campeggio

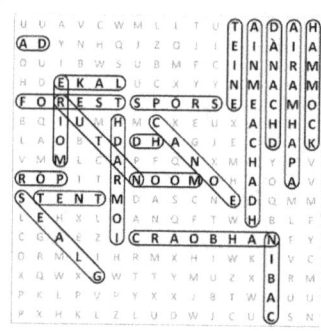

9 - Tempo

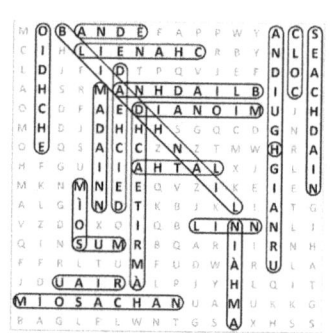

10 - Astronomia

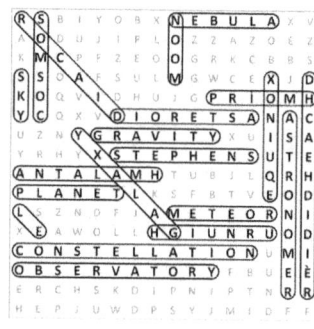

11 - Algebra

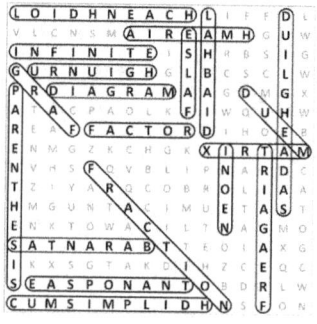

12 - Piante

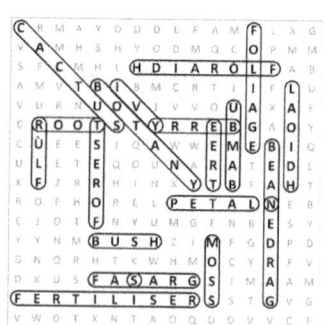

13 - Spezie

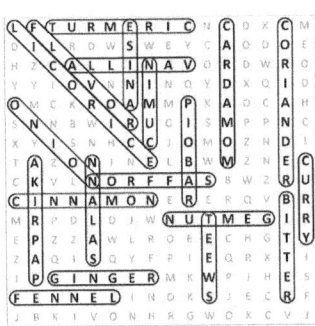

14 - Numeri

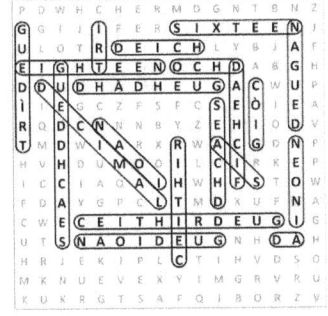

15 - Cioccolato

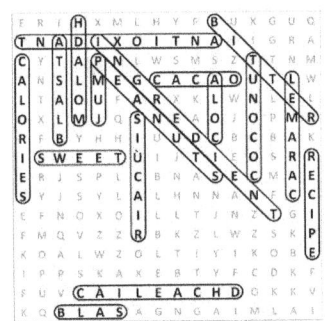

16 - Immigrazione

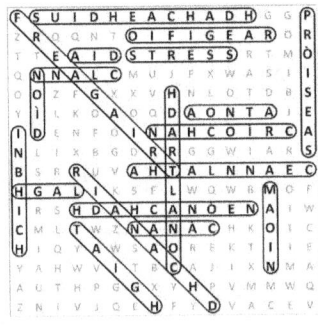

17 - Guida

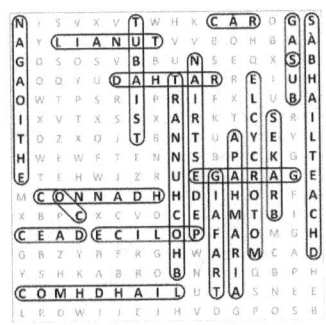

18 - I Media

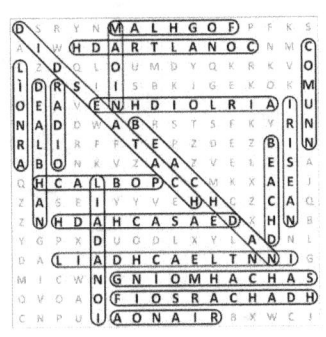

19 - Sport

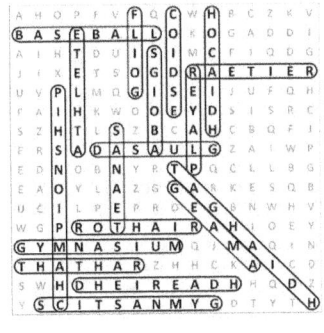

20 - Caffè

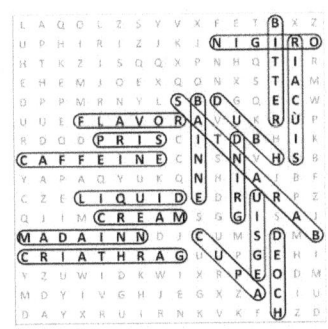

21 - Uccelli

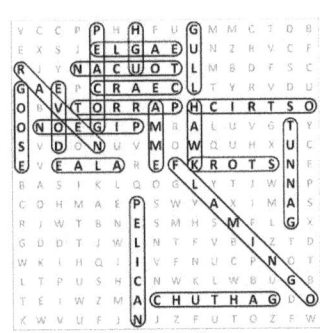

22 - Giorni e Mesi

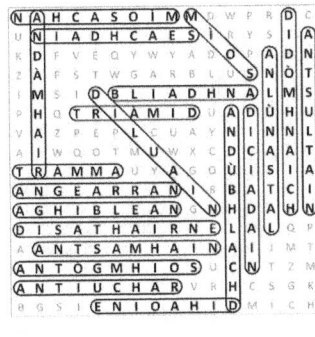

23 - Casa

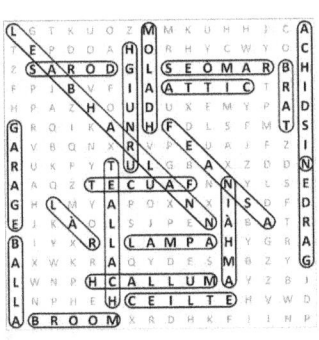

24 - Fantascienza

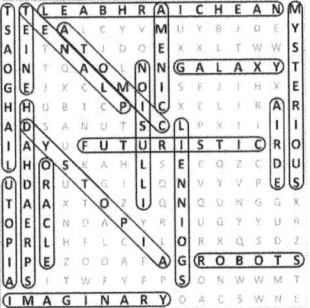

25 - Città
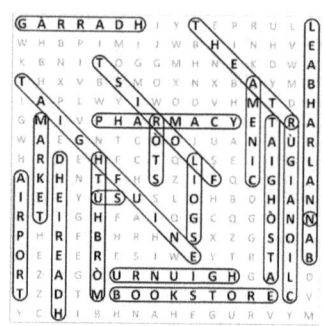

26 - Fattoria #1
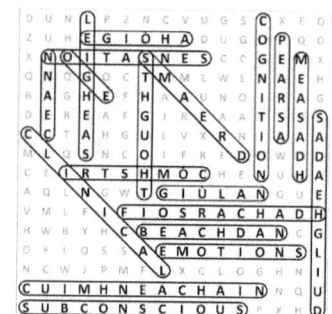

27 - Psicologia
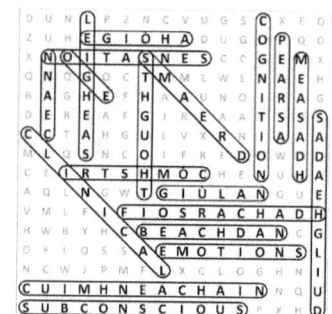

28 - Paesaggi
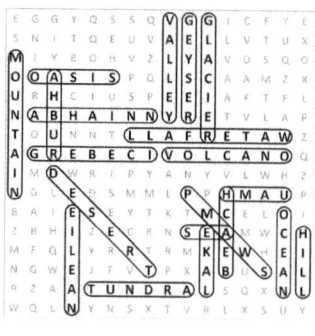

29 - Energia
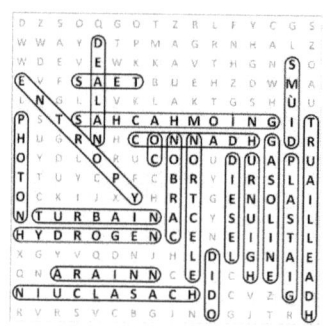

30 - Ristorante #2
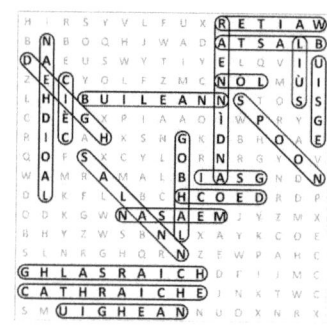

31 - L'Azienda
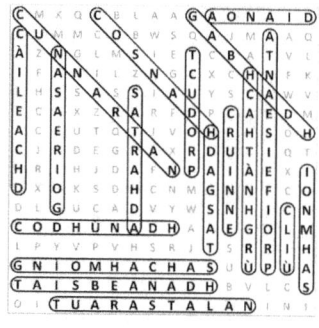

32 - Giardino
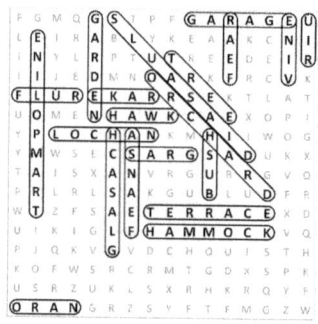

33 - Riscaldamento GI
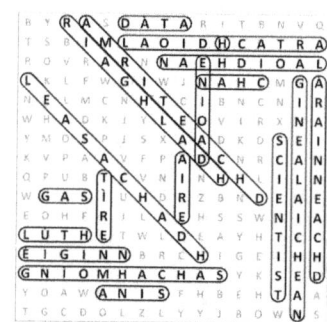

34 - Frutta
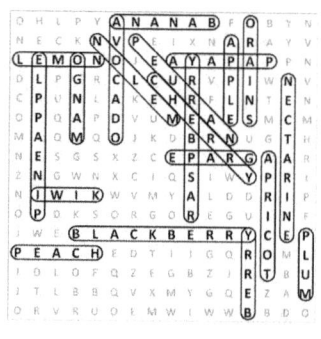

35 - Fattoria #2
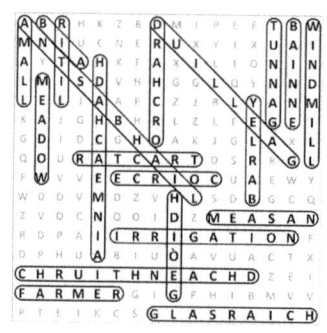

36 - Verdure
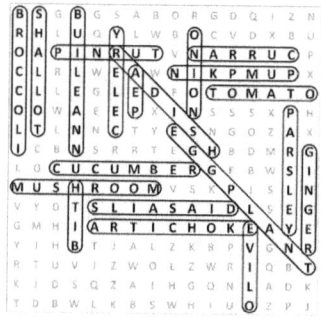

37 - Musica

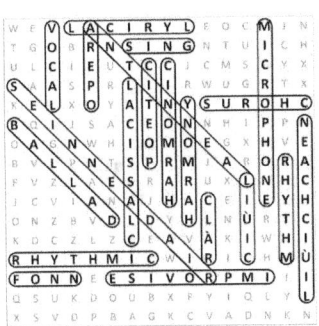

38 - Barbecue

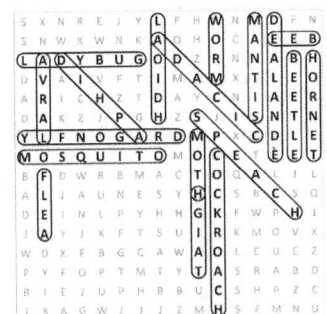

39 - Insetti

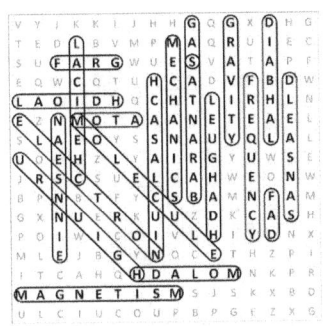

40 - Fisica

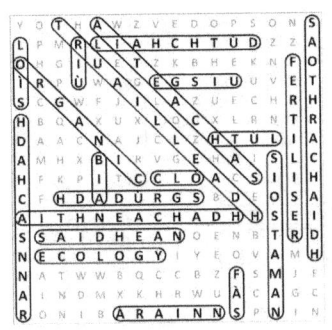

41 - Agronomia

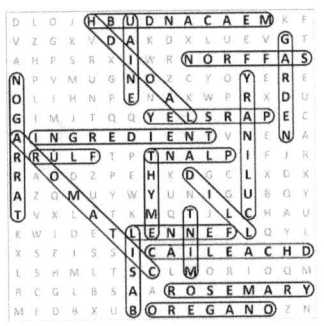

42 - Erboristeria

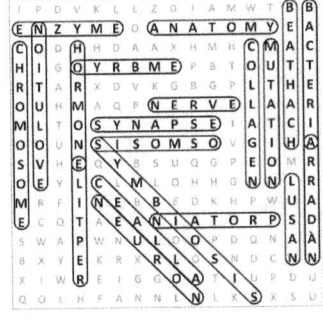

43 - Biologia

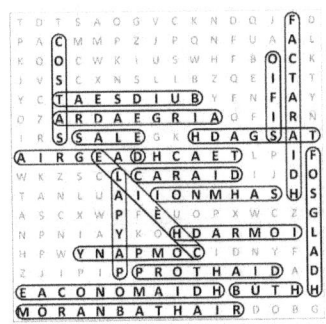

44 - Attività Commerciale

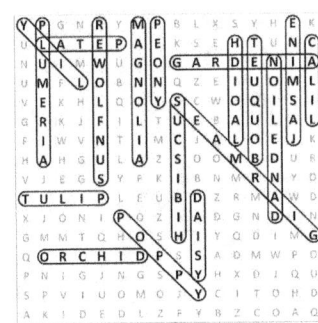

45 - Fiori

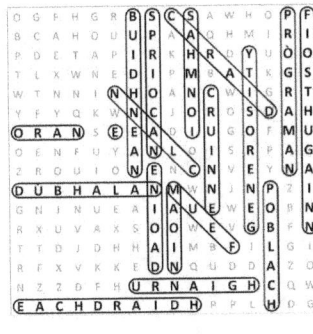

46 - Filantropia

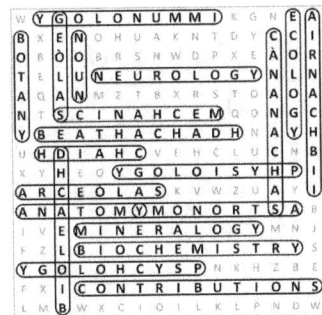

47 - Discipline Scientifiche

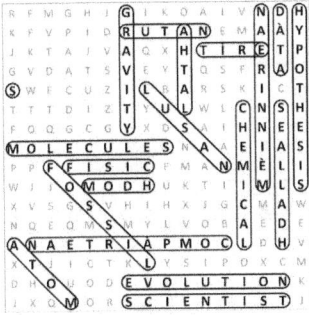

48 - Scienza

49 - Imbarcazioni

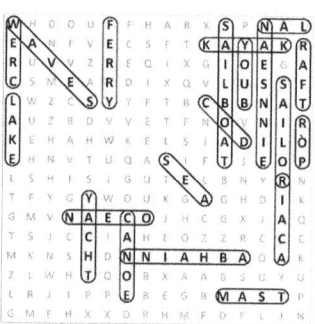

50 - Chimica

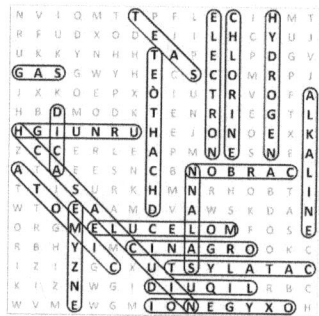

51 - Api

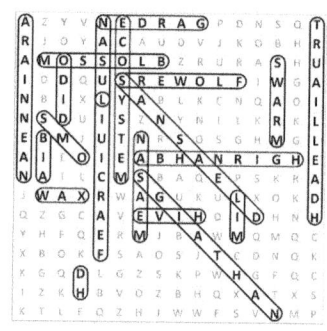

52 - Strumenti Musicali

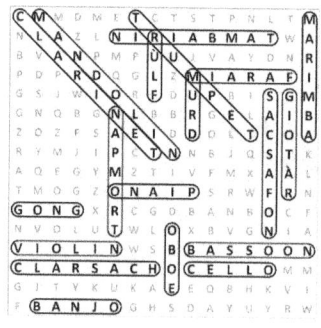

53 - Professioni #2

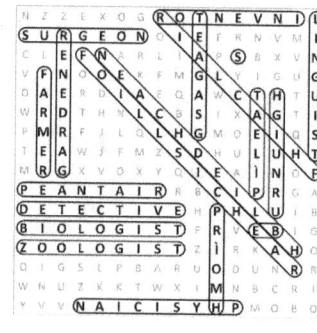

54 - Letteratura

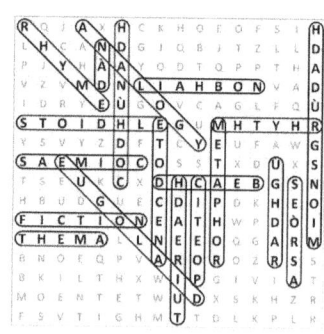

55 - Cibo #2

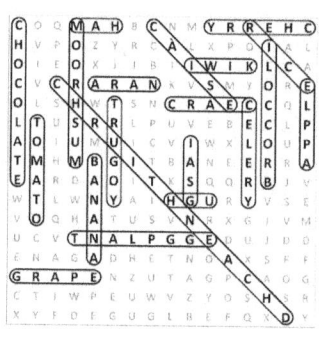

56 - Nutrizione

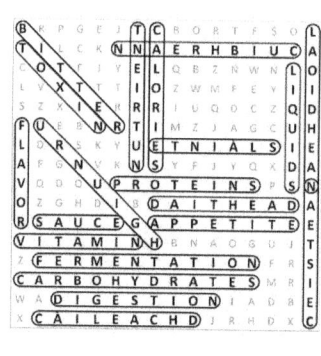

57 - Meditazione

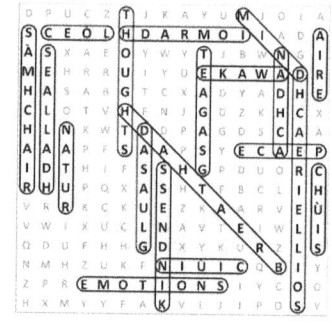

58 - Antiquariato

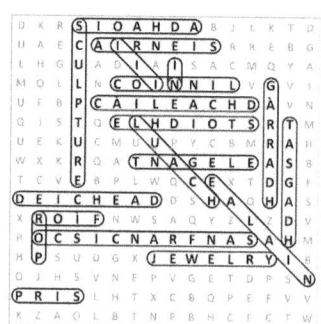

59 - Fotografia

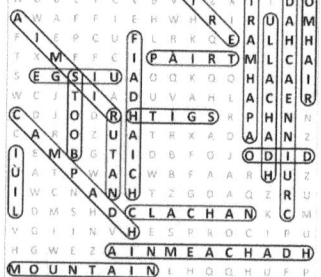

60 - Escursionismo

61 - Professioni #1

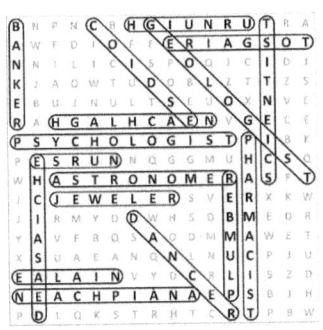

62 - Antartide

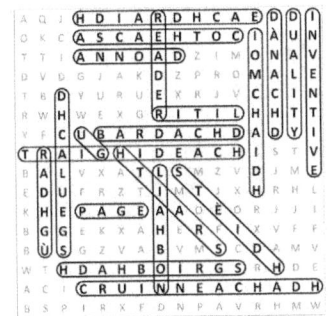

63 - Libri

64 - Geografia

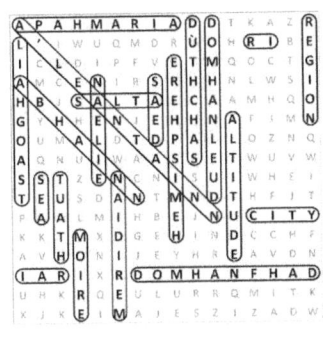

65 - Cibo #1

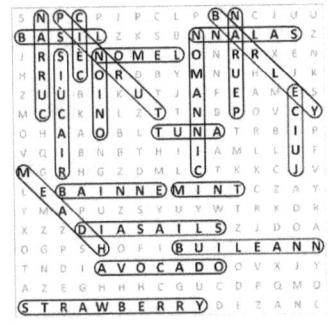

66 - Etica

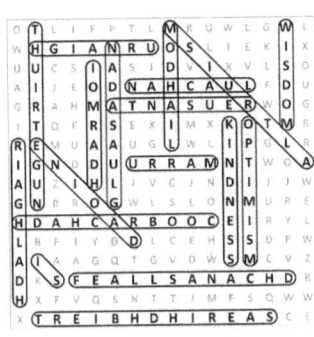

67 - Aeroplani

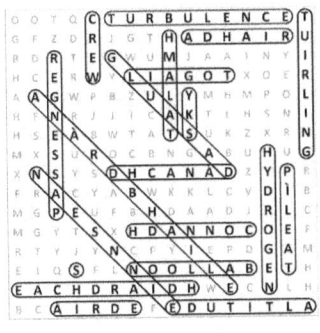

68 - Governo

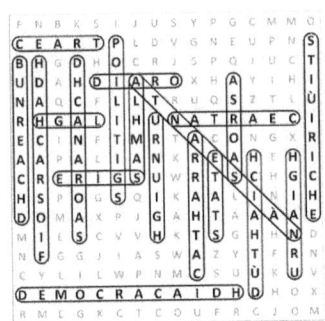

69 - Colori

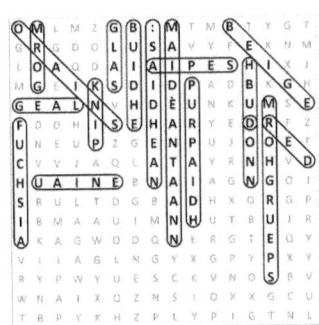

70 - Spiaggia

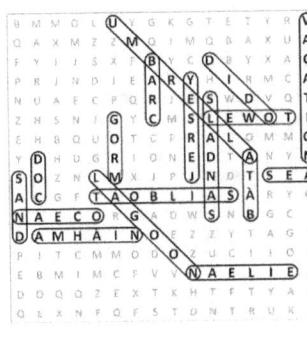

71 - Bellezza

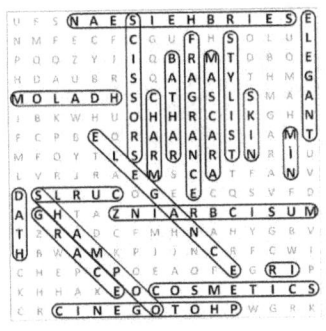

72 - Avventura

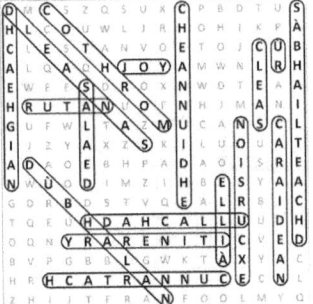

73 - Forme

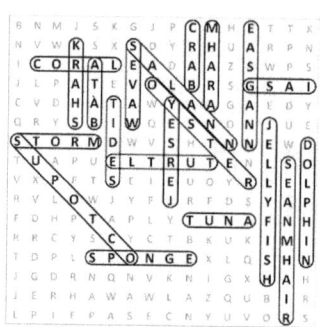

74 - Oceano

75 - Famiglia

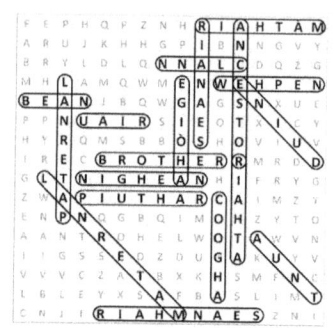

76 - Veicoli

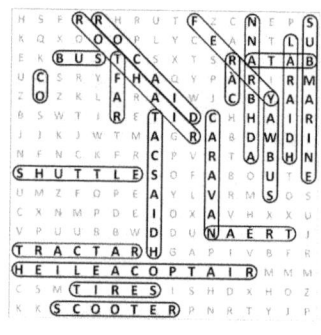

77 - Paesi #1

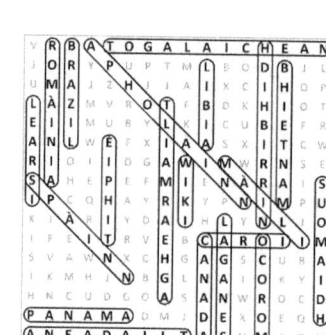

78 - Geometria

79 - Competenze Lavorative

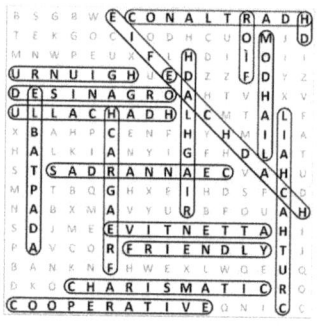

80 - Edifici

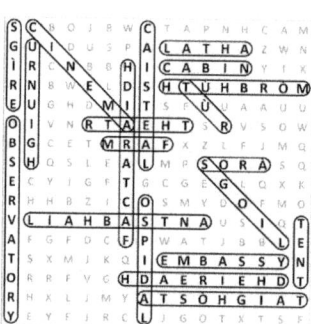

81 - Malattia

82 - Paesi #2

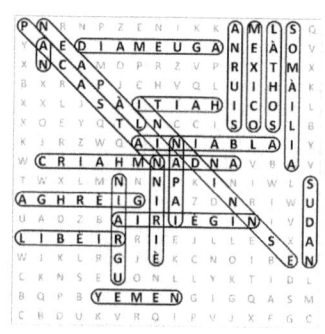

83 - Tipi di Capelli

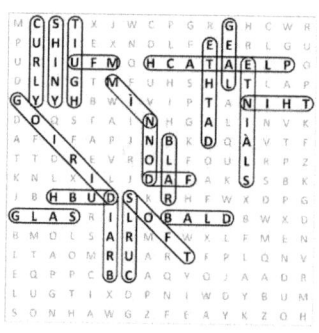

84 - Vestiti

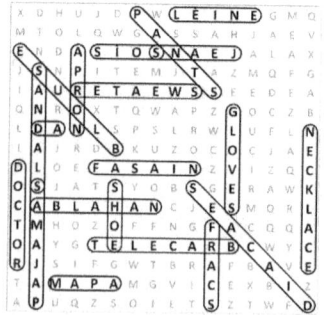

85 - Tecnologia

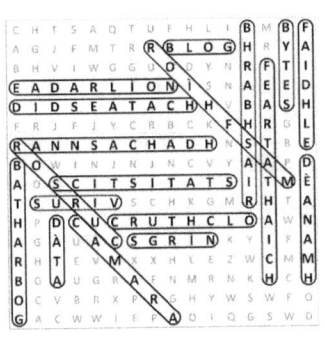

86 - Arte

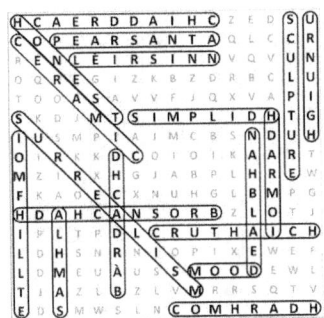

87 - Meteo

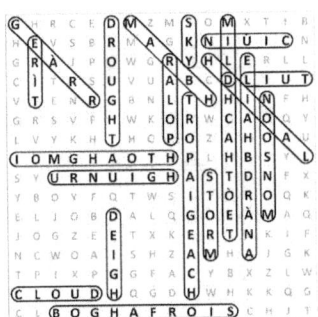

88 - Corpo Umano

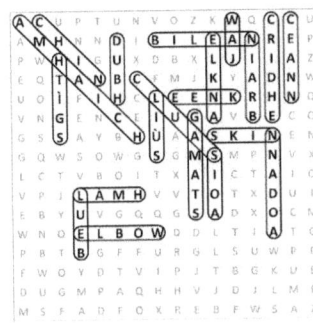

89 - Mammiferi

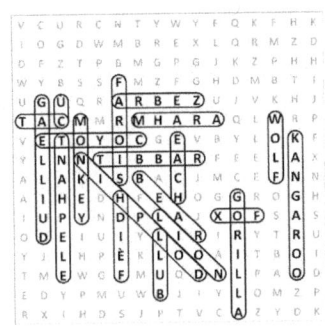

90 - Arrampicata

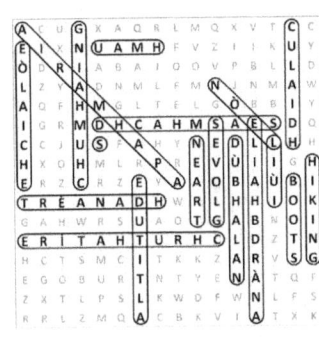

91 - Cucina

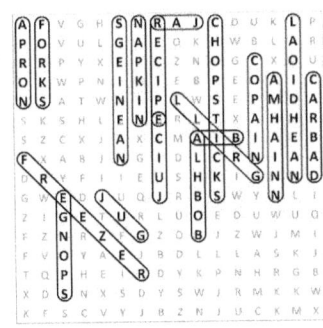

92 - Giardinaggio

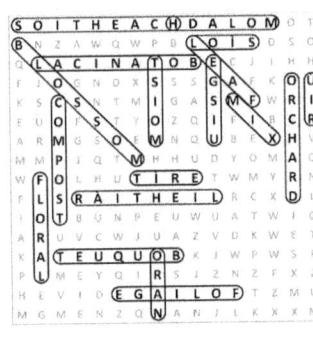

93 - Universo

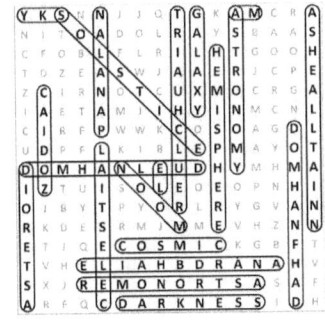

94 - Jazz

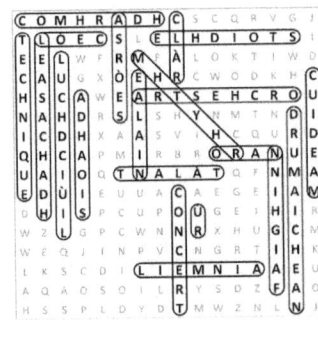

95 - Vacanze #2

96 - Attività

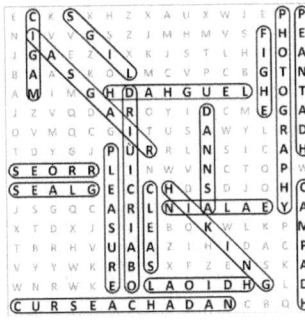

97 - Diplomazia

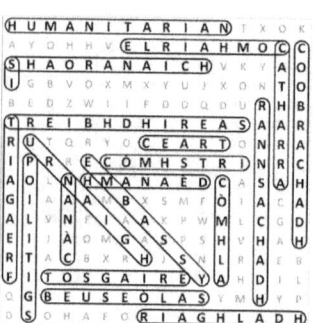

98 - Forniture Artistiche

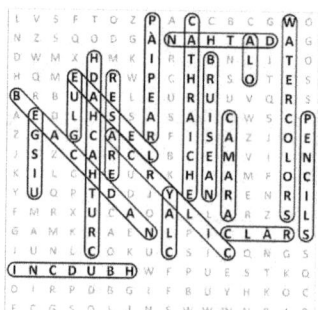

99 - Misurazioni

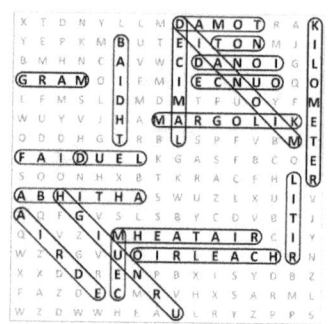

Dizionario

Aeroplani
Plèanaichean

Italiano	
Altezza	Àirde
Altitudine	Altitude
Aria	Adhair
Atmosfera	An Àrd-Bhaile
Atterraggio	Talamh
Avventura	Dànachd
Carburante	Connadh
Cielo	Sky
Costruzione	Togail
Direzione	S
Discesa	Tuirling
Equipaggio	Crew
Idrogeno	Hydrogen
Motore	Einnsean
Navigare	Gluasad
Palloncino	Balloon
Passeggero	Passenger
Pilota	Pìleat
Storia	Eachdraidh
Turbolenza	Turbulence

Aggettivi #1
Buadhairean # 1

Ambizioso	Adhartach
Aromatico	Aromatic
Assoluto	Gu Math
Attivo	Gnìomhach
Enorme	Mòr
Esotico	Moladh
Felice	Happy
Generoso	Chuid
Giovane	Òg
Grave	E
Importante	Cudromach
Innocente	Neo-Chiontach
Lento	Laoidh
Lungo	Fad
Onesto	Honest
Perfetto	Perfect
Pesante	Heavy
Prezioso	Luach
Profondo	Deep
Sottile	Thin

Aggettivi #2
Buadhairean # 2

Italiano	
Autentico	Fìor
Caldo	Hot
Creativo	Cruthachail
Descrittivo	Descriptive
Dolce	Sweet
Drammatico	Dràma
Elegante	Elegant
Famoso	Ainmeil
Forte	Strong
Interessante	Inntinneach
Naturale	Nàdarra
Normale	Àbhaisteach
Nuovo	Ùr
Orgoglioso	Proud
Produttivo	A Bhith A
Puro	Eile.
Responsabile	Freagrach
Salato	Salty
Sano	Slàinte
Stanco	Sgìth

Agronomia
Agronomy

Italiano	
Acqua	Uisge
Agricoltura	Àiteachas
Ambiente	Àrainn
Cibo	Bia
Crescita	Fàs
Ecologia	Ecology
Energia	Lùth
Fertilizzante	Fertiliser
Identificazione	Aithneachadh
Inquinamento	Truailleadh
Malattie	Clò
Organico	Organic
Produzione	Saothrachaidh
Ricerca	Rannsachadh
Rurale	Dùthchail
Scienza	Saidhean
Semi	Sìol
Sistemi	Siostaman
Studio	Sgrùdadh
Suolo	Ùir

Algebra
Ailseabra

Diagramma	Diagram
Equazione	Urnuigh
Esponente	Easponant
Falso	False
Fattore	Factor
Formula	Diabhal
Frazione	Fraction
Grafico	Graf
Infinito	Infinite
Lineare	Loidhneach
Matrice	Matrix
Numero	Àireamh
Parentesi	Parenthesis
Problema	Duilgheadas
Quantità	Meud
Semplificare	Cum Simplidh
Soluzione	Freagairt
Variabile	Barantas
Zero	Neoni

Antartide
An Antartaig

Italiano	
Acqua	Uisge
Ambiente	Àrainn
Baia	Bàs
Balene	Mucan-Mara
Conservazione	Comhradh
Continente	A 'leantainn
Geografia	Daoine
Ghiacciai	Glaciers
Ghiaccio	Deigh
Isole	Eileanan
Migrazione	Moladh
Minerali	Mèinnirean
Nuvole	Neòil
Penisola	Rubha
Ricercatore	Rannsachadh
Roccioso	Creagach
Scientifico	Saidheans
Spedizione	Taisbeanadh
Temperatura	Teòthachd
Topografia	Cruth-Tìre

Antiquariato
Seann Rudan

Arte	Ealain
Articolo	Nì
Asta	Rop
Autentico	Fìor
Decenni	Deichead
Decorativo	San Francisco
Elegante	Elegant
Galleria	Gàrradh
Gioiello	Jewelry
Investimento	Tasgadh
Mobilio	Àirneis
Monete	Coin
Prezzo	Pris
Qualità	Càileachd
Restauro	Iii
Scultura	Sculpture
Secolo	Linn
Stile	Stoidhle
Valore	Luach
Vecchio	A Dh'Aois

Api
Seilleanan

Ali	Sgiathan
Alveare	Hive
Benefico	Fear-Ciuil
Cera	Wax
Cibo	Bia
Diversità	Dleasnas
Ecosistema	Ecosystem
Fiori	Flowers
Fiorire	Blossom
Frutta	Measan
Fumo	Smo
Giardino	Garden
Habitat	Àrainnean
Insetto	Dh'
Miele	Mil
Piante	Lusan
Polline	Truailleadh
Regina	A ' Bhanrigh
Sciame	Swarm
Sole	Dido

Archeologia
Archeology

Analisi	Mion-Sgrùdadh
Anni	Bliadhna
Civiltà	Civilisation
Dimenticato	Forgotten
Discendente	Descendant
Era	N
Esperto	Eòlaiche
Fossile	Fossil
Frammenti	Fuighill
Mistero	Mystery
Oggetti	Rudan
Ossa	Cnàmhan
Reliquia	Relic
Ricercatore	Rannsachadh
Sconosciuto	Urnuigh
Squadra	Sgioba
Tempio	Temple
Tomba	Uaigh
Valutazione	Measadh

Arrampicata
Streap

Altitudine	Altitude
Atmosfera	An Àrd-Bhaile
Casco	Culaidh
Escursioni	Hiking
Esperto	Eòlaiche
Fisico	S
Formazione	Trèanadh
Forza	Neart
Grotta	Uamh
Guanti	Gloves
Guide	Iùil
Lesione	Leòn
Mappa	Air a ' Mhapa
Sfide	Dùbhalan
Stabilità	Seasmhachd
Stivali	Boots
Stretto	Chumhaing
Terreno	Chrutha-Tìre

Arte
Ealain

Ceramica	Ceramic
Complesso	Iom-Fhillte
Composizione	Comhradh
Creare	Cruthaich
Dipinti	Dealbhan
Espressione	Iomradh
Ispirato	Brosnachadh
Onesto	Honest
Originale	Chiad Dreach
Personale	Pearsanta
Poesia	Bàrdachd
Scultura	Sculpture
Semplice	Simplidh
Simbolo	Samhla
Soggetto	Urnuigh
Surrealismo	Surrealism
Umore	Mood
Visivo	Lèirsinn

Astronomia
Reul-Eòlas

Asteroide	Asteroid
Astronauta	Prìomh
Astronomo	Astronomer
Cielo	Sky
Cosmo	Cosmos
Costellazione	Constellation
Equinozio	Equinox
Galassia	Galaxy
Gravità	Gravity
Luna	Moon
Meteora	Meteor
Nebulosa	Nebula
Osservatorio	Observatory
Pianeta	Planet
Radiazione	Rèididheachd
Razzo	Rocaid
Supernova	Stephens
Telescopio	Le
Terra	An Talamh
Universo	Urnuigh

Attività
Gnìomhan

Abilità	Sgil
Arte	Ealain
Artigianato	Obair-Ciùird
Attività	Cleas
Caccia	Sealg
Campeggio	Campadh
Cucire	Seòrr
Danza	Dannsa
Escursioni	Hiking
Fotografia	Photography
Lettura	Leughadh
Magia	Magic
Maglieria	Fighe
Pesca	Iasgair
Piacere	Pleasure
Pittura	Peantadh
Rilassamento	Laoidh
Tempo Libero	Cur-Seachadan

Attività Commerciale
Gnìomhachas

Bilancio	Buidseat
Carriera	Caraid
Costo	Costas
Datore di Lavoro	Chèile
Dipendente	Fosgladh
Economia	Eaconomaidh
Fabbrica	Factaraidh
Finanza	Ionmhas
Investimento	Tasgadh
Merce	Mòran Bathair
Negozio	Bùth
Profitto	Prothaid
Reddito	Teachd
Sconto	Paypal
Società	Company
Soldi	Airgead
Transazione	Iomradh
Ufficio	Oifis
Valuta	Airgeadra
Vendita	Sale

Avventura
Dàn-Thuras

Amici	Caraidean
Attività	Cleas
Bellezza	Àille
Caso	Cothrom
Destinazione	Cheann-Uidhe
Difficoltà	Dleasnas
Entusiasmo	Dealas
Escursione	Excursion
Gioia	Joy
Itinerario	Itinerary
Natura	Natur
Navigazione	Naigheachd
Nuovo	Ùr
Pericoloso	Cunnartach
Preparazione	Ullachadh
Sfide	Dùbhalan
Sicurezza	Sàbhailteachd

Barbecue
Barbecues

Caldo	Hot
Cena	An Dìnnear
Cibo	Bia
Cipolle	Oran
Coltelli	Sgeinean
Estate	As T-Samhradh
Fame	Acras
Famiglia	Teaghlach
Frutta	Measan
Giochi	Na Geamannan
Griglia	Grill
Insalate	Salads
Invito	Cuireadh
Musica	Ceòl
Pepe	Piobar
Pollo	Cearc
Pomodori	Tomatoes
Pranzo	Lòn
Sale	Salann
Salsa	Sauce

Bellezza
Bòidhchead

Colore	Dath
Cosmetici	Cosmetics
Elegante	Elegant
Eleganza	Elegance
Fascino	Charm
Forbici	Scissors
Fotogenico	Photogenic
Fragranza	Fragrance
Grazia	Grace
Liscio	Mìn
Mascara	Mascara
Pelle	Skin
Prodotti	Bathar
Profumo	Musicbrainz
Riccioli	Curls
Rossetto	Ri
Servizi	Seirbheisean
Shampoo	Shampoo
Specchio	Moladh
Stilista	Stylist

Biologia
Bith-Eòlas

Anatomia	Anatomy
Batteri	Bacteria
Cellula	Cealla
Collagene	Collagen
Cromosoma	Chromosome
Embrione	Embryo
Enzima	Enzyme
Evoluzione	Evolution
Mammifero	Beathach
Mutazione	Mutation
Naturale	Nàdarra
Nervo	Nerve
Neurone	Neuron
Ormone	Hormone
Osmosi	Osmosis
Piante	Lusan
Proteina	Protain
Rettile	Reptile
Simbiosi	Symbiosis
Sinapsi	Synapse

Caffè
Cofaidh

Acqua	Uisge
Amaro	Bitter
Bevanda	Deoch
Caffeina	Caffeine
Crema	Cream
Filtro	Criathrag
Gusto	Flavor
Latte	Bainne
Liquido	Liquid
Macinare	Grind
Mattina	Madainn
Nero	Dubh
Origine	Origin
Prezzo	Pris
Tazza	Cupa
Varietà	Barantas
Zucchero	Siùcair

Campeggio
Campachadh

Alberi	Craobhan
Amaca	Hammock
Animali	Ainmeachadh
Avventura	Dànachd
Bussola	Iomradh
Cabina	Cabin
Caccia	Sealg
Canoa	Canoe
Cappello	Ad
Corda	Ròp
Divertimento	Spòrs
Foresta	Forest
Fuoco	Teine
Insetto	Dh'
Lago	Lake
Luna	Moon
Mappa	Air a ' Mhapa
Montagna	Moire
Natura	Natur
Tenda	Tent

Casa
House

Attico	Attic
Biblioteca	Leabharlann
Camera	Seòmar
Camino	Teallach
Cucina	A ' Chidsin
Doccia	A-Mhàin
Finestra	Urnuigh
Garage	Garage
Giardino	Garden
Lampada	Lampa
Parete	Balla
Pavimento	Làr
Porta	Doras
Recinto	Feansa
Rubinetto	Faucet
Scopa	Broom
Soffitto	Ceilte
Specchio	Moladh
Tappeto	Brat
Tetto	Mullach

Chimica
Ceimigeachd

Acido	Acid
Alcalino	Alkaline
Atomico	Atomic
Calore	Teas
Carbonio	Carbon
Catalizzatore	Catalyst
Cloro	Chlorine
Elettrone	Electron
Enzima	Enzyme
Gas	Gas
Idrogeno	Hydrogen
Ione	Ion
Liquido	Liquid
Molecola	Molecule
Nucleare	Niuclasach
Organico	Organic
Ossigeno	Oxygen
Peso	Urnuigh
Sale	Salann
Temperatura	Teòthachd

Cibo #1
Biadh # 1

Avocado	Avocado
Basilico	Basil
Cannella	Cinnamon
Carne	Meadh
Carota	Curran
Cipolla	Onion
Fragola	Strawberry
Insalata	Buileann
Latte	Bainne
Limone	Lemon
Menta	Mint
Orzo	Barley
Pera	Peuran
Rapa	Turnip
Sale	Salann
Spinaci	Sliasaid
Succo	Juice
Tonno	Tuna
Torta	Cèic
Zucchero	Siùcair

Cibo #2
Biadh # 2

Banana	Banana
Broccolo	Broccoli
Ciliegia	Cherry
Cioccolato	Chocolate
Formaggio	Càise
Fungo	Mushroom
Grano	Chruithneachd
Kiwi	Kiwi
Mela	Apple
Melanzana	Eggplant
Pane	Aran
Pesce	Iasg
Pollo	Cearc
Pomodoro	Tomato
Prosciutto	Ham
Riso	Rice
Sedano	Celery
Uovo	Ugh
Uva	Grape
Yogurt	Yogurt

Cioccolato
Chocolate

Amaro	Bitter
Antiossidante	Antioxidant
Arachidi	Peanuts
Cacao	Cacao
Calorie	Calories
Caramella	Cola
Caramello	Caramel
Delizioso	Blasta
Dolce	Sweet
Esotico	Moladh
Gusto	Blas
Ingrediente	Ingredient
Noce di Cocco	Coconut
Polvere	Jump
Qualità	Càileachd
Ricetta	Recipe
Zucchero	Siùcair

Città
Am Baile

Aeroporto	Airport
Banca	Ban
Biblioteca	Leabharlann
Cinema	Cinema
Clinica	Clionaig Ùr
Farmacia	Pharmacy
Fiorista	Florist
Galleria	Gàrradh
Hotel	Taigh-Òsta
Libreria	Bookstore
Mercato	Market
Negozio	Stòr
Panetteria	Taigh-Fuine
Scuola	Sgoil
Stadio	Dheireadh
Supermercato	Mòr-Bhùth
Teatro	Theatr
Università	Urnuigh
Zoo	Sù

Colori
Dathan

Arancia	Orains
Azzurro	Speur-Ghorm
Beige	Beige
Bianco	Geal
Blu	Gorm
Ciano	: Saidhean
Fucsia	Fuchsia
Giallo	Buidhe
Grigio	Glas
Magenta	Maidèanta Ann
Marrone	Donn
Nero	Dubh
Rosa	Pink
Rosso	Red
Seppia	Sepia
Verde	Uaine
Viola	Purpaidh

Competenze Lavorative
Sgilean Obrach

Adattabile	Adaptable
Amichevole	Friendly
Attento	Attentive
Autentico	Fìor
Carismatico	Charismatic
Comunicazione	Conaltradh
Cooperativa	Cooperative
Creativo	Cruthachail
Dedicato	Dh'
Efficace	Èifeachdach
Esperto	E
Gestione	Riaghladh
Indipendente	Urnuigh
Leadership	Ceannardas
Organizzato	Organised
Preparato	Ullachadh
Responsabile	Freagrach
Rispettoso	Modhail

Corpo Umano
Buidheann a ' Chinne-Dao

Bocca	Beul
Caviglia	Ankle
Cervello	Brain
Collo	Amhaich
Cuore	Cridhe
Faccia	Aodann
Ginocchio	Knee
Gomito	Elbow
Labbra	Bilean
Mano	Làmh
Mascella	Jaw
Mento	Chin
Naso	Aois
Occhio	Sùil
Orecchio	Cluas
Pelle	Skin
Sangue	Dubh
Spalla	Sgìth
Stomaco	Stamag
Testa	Ceann

Cucina
A ' Chidsin

Bacchette	Chopsticks
Brocca	Jug
Cibo	Bia
Ciotola	Bobhla
Coltelli	Sgeinean
Congelatore	Freezer
Cucchiai	Juice
Forchette	Forks
Forno	Àmhainn
Frigorifero	Carbad
Grembiule	Apron
Griglia	Grill
Ricetta	Recipe
Spezie	Laoidhean
Spugna	Sponge
Tazze	Copain
Tovagliolo	Napkin
Vaso	Jar

Diplomazia
Dioplòmasaidh

Ambasciata	Embassy
Ambasciatore	Tosgaire
Cittadini	Shaoranaich
Civico	Catharra
Conflitto	Còmhstri
Consigliere	Comhairle
Cooperazione	Co-Obrachadh
Diplomatico	Is
Discussione	Urnaigh
Etica	Beus-Eòlas
Giustizia	Ceart
Governo	Riaghladh
Integrità	Treibhdhireas
Lingue	Cànan
Politica	Poilitigs
Risoluzione	Rannsachadh
Sicurezza	Dèanamh
Soluzione	Freagairt
Trattato	Còmhla
Umanitario	Humanitarian

Discipline Scientifiche
Smachdan Saidheansail

Anatomia	Anatomy
Archeologia	Arc-Eòlas
Astronomia	Astronomy
Biochimica	Biochemistry
Biologia	Bioleachd
Botanica	Botany
Chimica	Noun
Ecologia	Ecology
Fisiologia	Physiology
Geologia	Geòlas
Immunologia	Immunology
Linguistica	Cànanachas
Meccanica	Mechanics
Meteorologia	Air Nach bi I
Mineralogia	Mineralogy
Neurologia	Neurology
Nutrizione	Beathachadh
Psicologia	Psychology
Sociologia	Chaidh
Zoologia	Contributions

Edifici
Togalaichean

Ambasciata	Embassy
Appartamento	Àros
Cabina	Cabin
Castello	Caisteal
Cinema	Cinema
Fabbrica	Factaraidh
Fattoria	Farm
Fienile	An T-Sabhail
Hotel	Taigh-Òsta
Laboratorio	Latha
Ospedale	Ospidal
Osservatorio	Observatory
Ostello	Sgìre
Scuola	Sgoil
Stadio	Dheireadh
Supermercato	Mòr-Bhùth
Teatro	Theatr
Tenda	Tent
Torre	Tùr
Università	Urnuigh

Energia
Cumhachd

Ambiente	Àrainn
Batteria	Plastaig
Benzina	Gasoline
Calore	Teas
Carbonio	Carbon
Carburante	Connadh
Diesel	Diesel
Elettrico	Dealan
Elettrone	Electron
Entropia	Entropy
Fotone	Photon
Idrogeno	Hydrogen
Industria	Gnìomhachas
Inquinamento	Truailleadh
Motore	Co
Nucleare	Niuclasach
Sole	Dido
Turbina	Turbain
Vapore	Smùid
Vento	Urnuigh

Erboristeria
Luibh-Eòlas

Aneto	Dill
Aromatico	Aromatic
Basilico	Basil
Culinario	Culinary
Dragoncello	Tarragon
Finocchio	Fennel
Fiore	Flùr
Giardino	Garden
Ingrediente	Ingredient
Lavanda	Laoidh
Maggiorana	Meacan-Dubh
Menta	Mint
Origano	Oregano
Pianta	Plant
Prezzemolo	Parsley
Qualità	Càileachd
Rosmarino	Rosemary
Timo	Thyme
Verde	Uaine
Zafferano	Saffron

Escursionismo
Coiseachd

Acqua	Uisge
Animali	Ainmeachadh
Campeggio	Campadh
Clima	Tìre
Guide	Iùil
Mappa	Air a ' Mhapa
Meteo	Aimsir
Montagna	Mountain
Natura	Natur
Orientamento	Comhair
Parchi	Pàirt
Pesante	Heavy
Pietre	Clachan
Preparazione	Ullachadh
Selvaggio	Fiadhaich
Sole	Dido
Stanco	Sgìth
Stivali	Boots
Vertice	Cruinneachadh

Etica
Beus-Eòlas

Italiano	Traduzione
Altruismo	Altruism
Compassione	Iomradh
Cooperazione	Co-Obrachadh
Dignità	Urram
Diplomatico	Is
Filosofia	Feallsanachd
Gentilezza	Kindness
Individualismo	Thuirt e Gun
Integrità	Treibhdhireas
Onestà	Urnaigh
Ottimismo	Optimism
Ragionevole	Reusanta
Razionalità	Riaghladh
Realismo	Gluasadan
Rispettoso	Modhail
Saggezza	Wisdom
Umanità	Daoine
Valori	Luachan

Famiglia
Teaghlach

Antenato	Ancestor
Bambino	Clann
Cugino	Co-Ogha
Figlia	Nighean
Fratello	Brother
Infanzia	A H-Òige,
Madre	Màthair
Marito	Duine
Materno	Maternal
Moglie	Bean
Nipote	Nephew
Nonna	Seanmhair
Nonno	Seanair
Padre	Athair
Paterno	Paternal
Sorella	Piuthar
Zia	Aunt
Zio	Uair

Fantascienza
Ficsean-Saidheans

Atomico	Atomic
Cinema	Cinema
Distopia	Dystopia
Esplosione	Spreadhadh
Estremo	Àirde
Fantastico	Sgoinneil
Fuoco	Teine
Futuristico	Futuristic
Galassia	Galaxy
Illusione	Illusion
Immaginario	Imaginary
Libri	Leabhraichean
Misterioso	Mysterious
Mondo	T-Saoghail
Oracolo	Oracle
Pianeta	Planet
Robot	Robots
Tecnologia	Teicneòlas
Utopia	Utopia

Fattoria #1
Tuathanas # 1

Italiano	Traduzione
Acqua	Uisge
Agricoltura	Àiteachas
Ape	Bee
Asino	Donkey
Campo	Achadh
Cane	Cù
Capra	Seo
Cavallo	Each
Fertilizzante	Fertiliser
Fieno	Hay
Gatto	Cat
Gregge	Floc
Maiale	Muc
Miele	Mil
Mucca	Cow
Pollo	Cearc
Recinto	Feansa
Riso	Rice
Semi	Sìol
Vitello	Laogh

Fattoria #2
Tuathanas # 2

Italiano	Traduzione
Agnello	Litir
Agricoltore	Farmer
Anatra	Tunnag
Animali	Ainmeachadh
Cibo	Bia
Fienile	An T-Sabhail
Frutta	Measan
Frutteto	Orchard
Grano	Chruithneachd
Irrigazione	Irrigation
Lama	Llama
Latte	Bainne
Mais	Coirce
Mulino a Vento	Windmill
Oche	Geòidh
Orzo	Barley
Pecora	Duilleag
Prato	Meadow
Trattore	Tractar
Verdura	Glasraich

Filantropia
Philanthropy

Bambini	Clann
Bisogno	Feum
Carità	Caraid
Contatti	Fios Thugainn
Finanza	Ionmhas
Fondi	Maoin
Generosità	Generosity
Gioventù	Oran
Globale	Cruinne
Gruppi	Buidhnean
Missione	E
Obiettivi	Spriocan
Onestà	Urnaigh
Programmi	Prògraman
Pubblico	Poblach
Sfide	Dùbhalan
Storia	Eachdraidh
Umanità	Daoine

Fiori
Flùraichean

Dente di Leone	Dandelion
Gardenia	Gardenia
Gelsomino	Jasmine
Giglio	Lily
Girasole	Sunflower
Ibisco	Hibiscus
Lavanda	Laoidh
Lilla	Lilac
Magnolia	Magnolia
Margherita	Daisy
Mazzo	Bouquet
Orchidea	Orchid
Papavero	Poppy
Peonia	Peony
Petalo	Petal
Plumeria	Plumeria
Trifoglio	Seamraig
Tulipano	Tulip

Fisica
Fiosaigeachd

Accelerazione	Urnuigh
Atomo	Atom
Caos	Leughadh
Chimico	Chemical
Densità	Dleasnas
Elettrone	Electron
Espansione	Moladh
Formula	Diabhal
Frequenza	Frequency
Gas	Gas
Grafico	Graf
Gravità	Gravity
Magnetismo	Magnetism
Meccanica	Mechanics
Molecola	Molecule
Motore	Einnsean
Nucleare	Niuclasach
Particella	Fad
Relatività	Laoidh
Variabile	Barantas

Forme
Cumaidhean

Angolo	Oisean
Arco	Arc
Bordi	Iomallan
Cerchio	Cearcall
Cilindro	Siolandair
Cono	Cone
Cubo	Cube
Curva	Curve
Ellisse	Ellipse
Iperbole	Hyperbola
Lato	Taobh
Linea	Line
Ovale	Oval
Piramide	Pyramid
Poligono	Polygon
Prisma	Prism
Quadrato	Ceann
Triangolo	Triantan

Forniture Artistiche
Ealain Bathair

Acqua	Uisge
Acquerelli	Watercolors
Acrilico	Acrylic
Argilla	Clay
Carta	Pàipear
Cavalletto	Easel
Colla	Glue
Colori	Dathan
Creatività	Cruthachadh
Gomma	Eraser
Idee	Beachdan
Inchiostro	Inc Dubh
Matite	Pencils
Olio	Ola
Sedia	Cathraiche
Spazzole	Bruisean
Tavolo	Clàr
Telecamera	Camara

Fotografia
Photography

Buio	Darkness
Colore	Dath
Composizione	Comhradh
Contrasto	Cunnart
Cornice	Frèam
Definizione	Mìneachadh
Esposizione	Taisbeanadh
Formato	Foirm
Illuminazione	Solas
Nero	Dubh
Oggetto	Nì
Ombre	Shadows
Prospettiva	Sealladh
Ritratto	Dealbh
Soggetto	Urnuigh
Telecamera	Camara
Trama	Texture
Visivo	Lèirsinn

Frutta
Measan

Albicocca	Apricot
Ananas	Pineapple
Arancia	Orains
Avocado	Avocado
Bacca	Berry
Banana	Banana
Ciliegia	Cherry
Kiwi	Kiwi
Lampone	Raspberry
Limone	Lemon
Mango	Mango
Mela	Apple
Melone	Melon
Mora	Blackberry
Nettarina	Nectarine
Papaia	Papaya
Pera	Peuran
Pesca	Peach
Prugna	Plum
Uva	Grape

Geografia
Cruinn-Eòlas

Altitudine	Altitude
Atlante	Atlas
Città	City
Continente	A 'leantainn
Emisfero	Hemisphere
Fiume	Abhainn
Isola	Eilean
Latitudine	Domhan-Leud
Longitudine	Domhan-Fhad
Mappa	Air a ' Mhapa
Mare	Sea
Meridiano	Meridian
Mondo	T-Saoghail
Montagna	Moire
Nord	Tuath
Ovest	Iar
Paese	Dùthchas
Regione	Region
Sud	Deas
Territorio	Ri

Geologia
Geòlas

Acido	Acid
Altopiano	Àrd-Chlàr A'
Calcio	Calcium
Caverna	Cavern
Continente	A 'leantainn
Corallo	Coral
Cristalli	Crystals
Fossile	Fossil
Fuso	Molten
Geyser	Geyser
Lava	Lava
Minerali	Mèinnirean
Pietra	Caraid
Quarzo	Quartz
Sale	Salann
Stalagmiti	Stalagmites
Stalattite	Stalactite
Strato	Laoidh
Vulcano	Volcano
Zona	Zone

Geometria
Geoimeatraidh

Altezza	Àirde
Angolo	Ceàrn
Calcolo	Calculation
Cerchio	Cearcall
Curva	Curve
Diametro	Trast-Thomhas
Dimensione	Meud
Equazione	Urnuigh
Logica	Logic
Massa	Tomad
Mediano	Meadhanan
Numero	Àireamh
Orizzontale	Còmhnard
Parallelo	Parallel
Quadrato	Ceann
Simmetria	Symmetry
Teoria	Theòiridh
Triangolo	Triantan
Verticale	Inghearach

Giardinaggio
Gàirnealaireachd

Acqua	Uisge
Botanico	Botanical
Clima	Tìre
Compost	Compost
Contenitore	Soitheach
Esotico	Moladh
Fiorire	Blossom
Floreale	Floral
Foglia	Leaf
Fogliame	Foliage
Frutteto	Orchard
Mazzo	Bouquet
Semi	Sìol
Sporco	Mix
Stagionale	Ràitheil
Suolo	Ùir
Tubo	Oran
Umidità	Moist

Giardino
Garden

Albero	Tree
Amaca	Hammock
Cespuglio	Bush
Erba	Gras
Erbacce	Hawk'
Fiore	Flùr
Frutteto	Orchard
Garage	Garage
Giardino	Garden
Pala	Sluasaid
Panca	Fear
Prato	Glasach
Rastrello	Rake
Recinto	Feansa
Stagno	Lochan
Suolo	Ùir
Terrazza	Terrace
Trampolino	Trampoline
Tubo	Oran
Vite	Vine

Giorni e Mesi
Làithean Agus Mìosan

Agosto	An Lùnastal
Anno	Bliadhna
Aprile	A 'Ghiblean
Calendario	Mìosachan
Dicembre	An Dùbhlachd
Domenica	Didòmhnaich
Febbraio	An Gearran
Giugno	An T-Ògmhios
Luglio	An T-Iuchar
Lunedì	Diluain
Martedì	Dimàirt
Marzo	Am Màrt
Mercoledì	Diciadain
Mese	Mìos
Novembre	An T-Samhain
Ottobre	An Dàmhair
Sabato	Disathairne
Settembre	An T-Sultain
Settimana	Seachdain
Venerdì	Dihaoine

Governo
Riaghaltas

Capo	Stiùiriche
Cittadinanza	Saoranachd
Civile	Catharra
Costituzione	Bun-Reachd
Democrazia	Democracaidh
Diritti	Ceartan
Discorso	Òraid
Discussione	Urnaigh
Giustizia	Ceart
Indipendenza	Fiosrachadh
Legge	Lagh
Libertà	Saorsa
Nazionale	Nàiseanta
Nazione	Dùthaich
Politica	Poilitigs
Quartiere	Sgìre
Simbolo	Samhla
Stato	State
Uguaglianza	Urnuigh

Guida
A ' Dràibheadh

Auto	Càr
Autobus	Bus
Carburante	Connadh
Freni	Brakes
Garage	Garage
Gas	Gas
Incidente	Tubaist
Licenza	Cead
Mappa	Air a ' Mhapa
Moto	Motorcycle
Motore	Co
Pedonale	Pedestrian
Pericolo	Bho Chunnart
Polizia	Police
Sicurezza	Sàbhailteachd
Strada	Rathad
Traffico	Trafaig
Trasporto	Còmhdhail
Tunnel	Tunail
Velocità	Na Gaoithe

I Media
Na Meadhanan

Atteggiamenti	Beachdan
Commerciale	Comunn
Comunicazione	Conaltradh
Digitale	Didseatach
Edizione	Deasachadh
Educazione	Foghlam
Fatti	Fiosrachadh
Finanziamento	Maoin
Foto	Dealbhan
Individuale	Aonair
Industria	Gnìomhachas
Intellettuale	Inntleachdail
Locale	Ionadail
Online	Air-Loidhne
Opinione	Beachd
Pubblico	Poblach
Radio	Radio
Rete	Lìonra
Riviste	Irisean
Televisione	Telebhisean

Imbarcazioni
Bàtaichean

Albero	Mast
Ancora	Acair
Barca a Vela	Sailboat
Boa	Buoy
Canoa	Canoe
Corda	Ròp
Dock	Doc
Equipaggio	Crew
Fiume	Abhainn
Kayak	Kayak
Lago	Lake
Mare	Sea
Marea	- Làn
Marinaio	Sailor
Motore	Einnsean
Oceano	Ocean
Onde	Waves
Traghetto	Ferry
Yacht	Yacht
Zattera	Raft

Immigrazione
In-Imrich

Adulti	Inbhich
Aiuto	Aid
Alloggio	Taigh
Amministrazione	Rianachd
Approvazione	Aonta
Bambini	Clann
Comunicazione	Conaltradh
Finanziamento	Maoin
Frontiere	Crìochan
Legge	Lagh
Lingua	Cànan
Processo	Pròiseas
Protezione	Dìon
Scadenza	Ceann-Latha
Situazione	Suidheachadh
Soluzione	Freagairt
Stress	Stress
Trattativa	Neònachadh
Ufficiale	Oifigear

Ingegneria
Innleadaireachd

Angolo	Ceàrn
Calcolo	Calculation
Costruzione	Togail
Diagramma	Diagram
Diametro	Trast-Thomhas
Diesel	Diesel
Distribuzione	Dùthchas
Energia	Lùth
Forza	Neart
Ingranaggi	Gears
Leve	Levers
Liquido	Liquid
Macchina	Machine
Misurazione	Measadh
Motore	Co
Profondità	A Bhith A
Propulsione	Moladh
Stabilità	Seasmhachd
Struttura	Structar

Insetti
Meanbh-Bhiastagan

Afide	Aphid
Ape	Bee
Calabrone	Hornet
Cicala	Cicada
Coccinella	Ladybug
Coleottero	Beetle
Falena	Moth
Farfalla	Dealan-Dè
Larva	Larva
Libellula	Dragonfly
Locusta	Laoidh
Mantide	Mantis
Pulce	Flea
Scarafaggio	Cockroach
Termite	Taigh
Verme	Worm
Vespa	Speach
Zanzara	Mosquito

Jazz
Jazz

Album	Clàr
Artista	Ealain
Batteria	Drumaichean
Canzone	Òran
Compositore	Comhradh
Concerto	Concert
Enfasi	Cuideam
Famoso	Ainmeil
Genere	Seòrsa
Improvvisazione	Leasachadh
Musica	Ceòl
Musicisti	Luchd-Ciùil
Nuovo	Ùr
Orchestra	Orchestra
Preferiti	Faighinn
Ritmo	Rhythm
Stile	Stoidhle
Talento	Tàlant
Tecnica	Technique
Vecchio	A Dh'Aois

L'Azienda
A 'Chompanaidh

Creativo	Cruthachail
Decisione	Co-Dhùnadh
Globale	Cruinne
Industria	Gnìomhachas
Innovativo	Ùr-Ghnàthach
Investimento	Tasgadh
Occupazione	Cosnadh
Possibilità	Gabhadh
Presentazione	Taisbeanadh
Prodotto	Product
Professionale	Proifeiseanta
Progresso	Adhartas
Qualità	Càileachd
Reddito	Ionmhas
Reputazione	Cliù
Rischi	Cunnartan
Risorse	Goireasan
Salari	Tuarastalan
Unità	Aonaid

Letteratura
Litreachas

Analisi	Mion-Sgrùdadh
Analogia	Analogy
Aneddoto	Anecdote
Autore	Ùghdar
Conclusione	Co-Dhùnadh
Confronto	Coimeas
Descrizione	Tuireadh
Dialogo	Dialogue
Finzione	Fiction
Genere	Seòrsa
Metafora	Metaphor
Opinione	Beachd
Poesia	Dàn
Poetico	Poetic
Rima	Rhyme
Ritmo	Rhythm
Romanzo	Nobhail
Stile	Stoidhle
Tema	Thema
Tragedia	Traidseadaidh

Libri
Leabhraichean

Autore	Ùghdar
Avventura	Dànachd
Collezione	Cruinneachadh
Contesto	Co-Theacsa
Dualità	Duality
Epico	Gu
Inventivo	Inventive
Letterario	Litir
Lettore	Reader
Narratore	Stèidh
Pagina	Page
Poesia	Bàrdachd
Rilevante	Iomchaidh
Romanzo	Nobhail
Scritto	Sgrìobhadh
Serie	Sraith
Storia	Sgeulachd
Storico	Eachdraidh
Tragico	Traighideach
Umoristico	Daonna

Malattia
Galair

Addominale	Abdominal
Allergie	Allergies
Batterico	Bacterial
Benessere	Urnuigh
Contagioso	Gabhaltach
Corpo	Comhradh
Cronico	Chronic
Cuore	Cridhe
Debole	Lag
Ereditario	Bha
Genetico	Gineadach
Immunità	Immunity
Infiammazione	Inflammation
Lombare	Lumbar
Neuropatia	Neuropathy
Polmonare	Pulmonary
Respiratorio	Freagairt
Salute	Slàinte
Sindrome	Syndrome
Terapia	Leigheas

Mammiferi
Mamailean

Italiano	Mamailean
Balena	- Mhara
Cane	Cù
Canguro	Kangaroo
Cavallo	Each
Cervo	Fèidh
Coniglio	Rabbit
Coyote	Coyote
Delfino	Dolphin
Elefante	Elephant
Gatto	Cat
Giraffa	Sioraf
Gorilla	Gorilla
Leone	Lion
Lupo	Wolf
Orso	Bear
Pecora	Duilleag
Scimmia	Monkey
Toro	Bull
Volpe	Fox
Zebra	Zebra

Meditazione
Meditation

Italiano	Meditation
Accettazione	Achdan
Attenzione	Aire
Calma	Ciùin
Chiarezza	Soilleireachd
Compassione	Iomradh
Emozioni	Emotions
Gentilezza	Kindness
Gratitudine	Chùis
Insegnamenti	Teagasg
Mente	Mind
Movimento	Gluasad
Musica	Ceòl
Natura	Natur
Pace	Peace
Pensieri	Thoughts
Prospettiva	Sealladh
Respirazione	Breathadh
Silenzio	Sàmhchair
Sveglio	Awake

Meteo
Aimsir

Italiano	Aimsir
Alluvione	Tuil
Arcobaleno	Bogha-Frois
Atmosfera	An Àrd-Bhaile
Calma	Ciùin
Cielo	Sky
Clima	Tìre
Fulmine	Laoidh
Ghiaccio	Deigh
Monsone	Monsoon
Nube	Cloud
Nuvoloso	Geàrr
Polare	Polar
Siccità	Drought
Temperatura	Teòthachd
Tempesta	Storm
Tornado	Iomghaoth
Tropicale	Tropaigeach
Umido	Mild
Uragano	Marbh
Vento	Urnuigh

Misurazioni
Tomhais

Altezza	Àirde
Byte	Baidht
Centimetro	Ionad
Chilogrammo	Kilogram
Chilometro	Kilometer
Decimale	Decimal
Grado	Ceum
Grammo	Gram
Larghezza	Leud
Litro	Litir
Lunghezza	Faid
Massa	Tomad
Metro	Mheatair
Minuto	Mionaid
Oncia	Ounce
Peso	Urnuigh
Pollice	Òirleach
Profondità	A Bhith A
Tonnellata	Ton

Musica
Music

Italiano	Music
Album	Clàr
Armonia	Harmony
Armonico	Harmonic
Ballata	Ballad
Cantante	Seinneadair
Cantare	Sing
Classico	Classical
Coro	Chorus
Improvvisare	Improvise
Lirico	Lyrical
Melodia	Fonn
Microfono	Microphone
Musicale	Ciùil
Musicista	Neach-Ciùil
Opera	Opera
Poetico	Poetic
Ritmico	Rhythmic
Ritmo	Rhythm
Strumento	An T-Inneal
Vocale	Vocal

Numeri
Àireamhan

Italiano	Àireamhan
Cinque	Còig
Decimale	Decimal
Diciannove	Naoi-Deug
Diciassette	Seachd-Deug
Diciotto	Eighteen
Dieci	Deich
Dodici	Dhà-Dheug
Due	Dà
Nove	Naoi
Otto	Ochd
Quattordici	Ceithir-Deug
Quattro	Ceithir
Quindici	Deug An
Sedici	Sixteen
Sei	Sia
Sette	Seachd
Tre	Trì
Tredici	Trì-Deug
Venti	Fichead
Zero	Neoni

Nutrizione
Beathachadh

Amaro	Bitter
Appetito	Appetite
Calorie	Calories
Carboidrati	Carbohydrates
Cereali	Ceistean
Dieta	Daithead
Digestione	Digestion
Fermentazione	Fermentation
Gusto	Flavor
Liquidi	Liquids
Nutriente	Nutrient
Peso	Urnuigh
Porzione	Cuibhreann
Proteine	Proteins
Qualità	Càileachd
Salsa	Sauce
Salute	Slàinte
Spezie	Laoidhean
Tossina	Toxin
Vitamina	Vitamin

Oceano
Ocean

Anguilla	Easgann
Balena	- Mhara
Barca	Bàta
Corallo	Coral
Delfino	Dolphin
Gamberetto	Seanmhair
Granchio	Crab
Maree	Tides
Medusa	Jellyfish
Onde	Waves
Ostrica	Oyster
Pesce	Iasg
Polpo	Octopus
Sale	Salann
Scogliera	Jersey
Spugna	Sponge
Squalo	Shark
Tartaruga	Turtle
Tempesta	Storm
Tonno	Tuna

Paesaggi
Cruthan-Tìre

Cascata	Waterfall
Collina	Hill
Deserto	Desert
Fiume	Abhainn
Geyser	Geyser
Ghiacciaio	Glacier
Grotta	Uamh
Iceberg	Iceberg
Isola	Eilean
Lago	Lake
Mare	Sea
Montagna	Mountain
Oasi	Oasis
Oceano	Ocean
Palude	Swamp
Penisola	Rubha
Spiaggia	Beach
Tundra	Tundra
Valle	Valley
Vulcano	Volcano

Paesi #1
Dùthchannan # 1

Brasile	Brazil
Cambogia	Togalaichean
Canada	Canada
Egitto	Èiphit
Finlandia	Suomaidh
Germania	A 'Ghearmailt
Iraq	Iorac
Israele	Israel
Italia	An Eadailt
Lettonia	Wiki
Libia	Libia
Mali	Màili
Marocco	Moroco
Norvegia	Nirribhidh
Panama	Panama
Polonia	A 'Pholainn
Romania	Romàinia
Senegal	Senagal
Spagna	Spàinn
Vietnam	Bhietnam

Paesi #2
Dùthchannan # 2

Albania	Albàinia
Danimarca	An Danmhairc
Etiopia	Na
Giamaica	Diameuga
Giappone	Iapan
Grecia	A 'Ghrèig
Haiti	Haiti
Indonesia	Innd Innse
Irlanda	Èirinn
Laos	Làthos
Liberia	Libèir
Messico	Mexico
Nepal	Neapàl
Nigeria	Nigèiria
Pakistan	Pacastan
Russia	An Ruis
Siria	Yemen
Somalia	Somàilia
Sudan	Sudan
Ucraina	Ugrain

Piante
Lusan

Albero	Tree
Bacca	Berry
Bambù	Bambù
Botanica	Botany
Cactus	Cactus
Cespuglio	Bush
Crescere	Fàs
Edera	Ivy
Erba	Gras
Fagiolo	Bean
Fertilizzante	Fertiliser
Fiore	Flùr
Flora	Flòraidh
Fogliame	Foliage
Foresta	Forest
Giardino	Garden
Muschio	Moss
Petalo	Petal
Radice	Root
Vegetazione	Laoidh

Professioni #1
Professions #1

Allenatore	Coidse
Ambasciatore	Tosgaire
Artista	Ealain
Astronomo	Astronomer
Avvocato	Neach-Lagh
Ballerino	Dancer
Banchiere	Banker
Cacciatore	Urnuigh
Cartografo	Cartographer
Editore	Deasaiche
Farmacista	Pharmacist
Geologo	Geologist
Gioielliere	Jeweler
Idraulico	Plumber
Infermiera	Nurse
Musicista	Neach-Ciùil
Pianista	Neach-Piàna
Psicologo	Psychologist
Scienziato	Scientist
Veterinario	Veterinarian

Professioni #2
Professions #2

Agricoltore	Farmer
Astronauta	Prìomh
Biologo	Biologist
Chirurgo	Surgeon
Dentista	Fhiaclair
Detective	Detective
Editore	Foillsichear
Filosofo	B ' E
Giardiniere	Gardener
Giornalista	Urnuigh
Illustratore	Neach-Deilbh
Ingegnere	S
Insegnante	Teagasg
Inventore	Inventor
Linguista	Linguist
Medico	Physician
Pilota	Pìleat
Pittore	Peantair
Ricercatore	Rannsachadh
Zoologo	Zoologist

Psicologia
Eòlas-Inntinn

Clinico	Clinical
Cognizione	Cognition
Comportamento	Giùlan
Conflitto	Còmhstri
Ego	Ego
Emozioni	Emotions
Idee	Beachdan
Infanzia	A H-Òige,
Pensieri	Thoughts
Percezione	Ceann
Personalità	Pearsa
Problema	Duilgheadas
Realtà	Fiosrachadh
Ricordi	Cuimhneachain
Sensazione	Sensation
Sogni	Dreams
Subconscio	Subconscious
Terapia	Leigheas
Valutazione	Measadh

Riscaldamento Globale
Blàthachadh na Cruinne

Ambientale	Àrainneachd
Artico	Artach
Attenzione	Aire
Clima	Tìre
Crisi	Èiginn
Dati	Dàta
Energia	Lùth
Futuro	Àm ri Teachd
Gas	Gas
Generazioni	Ginealaichean
Governo	Riaghladh
Habitat	Laoidhean
Industria	Gnìomhachas
Legislazione	Laoidh
Ora	A-Nis
Popolazioni	Daoine
Scienziato	Scientist
Sviluppo	Leasachadh
Temperature	Chan

Ristorante #2
Taigh-Bìdh # 2

Acqua	Uisge
Bevanda	Deoch
Cameriere	Waiter
Cena	An Dìnnear
Cucchiaio	Spoon
Delizioso	Blasta
Forchetta	Gobhal
Frutta	Measan
Ghiaccio	Deigh
Insalata	Buileann
Minestra	Sùil
Pesce	Iasg
Pranzo	Lòn
Sale	Salann
Sedia	Cathraiche
Spezie	Laoidhean
Torta	Cèic
Uova	Uighean
Verdure	Ghlasraich

Salute e Benessere #1
Slàinte Agus Wellness #1

Abitudine	Laoidh
Altezza	Àirde
Attivo	Gnìomhach
Batteri	Bacteria
Clinica	Clionaig Ùr
Fame	Acras
Farmacia	Pharmacy
Frattura	Fracture
Lesione	Leòn
Medico	Doctor
Muscoli	Muscles
Nervi	Nerves
Ormoni	Hormones
Ossa	Cnàmhan
Pelle	Skin
Riflesso	Reflex
Supplementi	Solaran
Terapia	Leigheas
Trattamento	Còmhradh
Virus	Virus

Salute e Benessere #2
Slàinte Agus Wellness #2

Allergia	Allergy
Anatomia	Anatomy
Appetito	Appetite
Caloria	Calorie
Corpo	Comhradh
Dieta	Daithead
Digestione	Digestion
Disidratazione	Dehydration
Energia	Lùth
Genetica	Genetics
Igiene	Hygiene
Infezione	Infection
Malattia	Galair
Massaggio	Massage
Nutrizione	Beathachadh
Ospedale	Ospidal
Peso	Urnuigh
Sangue	Dubh
Sano	Slàinte
Vitamina	Vitamin

Scienza
Saidheans

Atomo	Atom
Chimico	Chemical
Clima	Tìre
Dati	Dàta
Esperimento	E
Evoluzione	Evolution
Fatto	S
Fisica	Fisic
Fossile	Fossil
Gravità	Gravity
Ipotesi	Hypothesis
Laboratorio	Latha
Metodo	Modh
Minerali	Mèinnirean
Molecole	Molecules
Natura	Natur
Osservazione	Sealladh
Particelle	Com-Pàirtean
Piante	Lusan
Scienziato	Scientist

Spezie
Spìosraidhean

Amaro	Bitter
Anice	Anise
Cannella	Cinnamon
Cardamomo	Cardamom
Cipolla	Onion
Coriandolo	Coriander
Cumino	Cumin
Curcuma	Turmeric
Curry	Curry
Dolce	Sweet
Finocchio	Fennel
Gusto	Flavor
Liquirizia	Licorice
Noce Moscata	Nutmeg
Paprika	Paprika
Pepe	Piobar
Sale	Salann
Vaniglia	Vanilla
Zafferano	Saffron
Zenzero	Ginger

Spiaggia
Tràigh

Asciugamano	Towel
Barca	Bàta
Barca a Vela	Sailboat
Blu	Gorm
Costa	A-Mhàin
Dock	Doc
Granchio	Crab
Isola	Eilean
Laguna	Lagoon
Mare	Sea
Oceano	Ocean
Ombrello	Umbrella
Sabbia	Sand
Sandali	Sandals
Scogliera	Jersey
Sole	Dido
Vacanza	Vacation

Sport
Spòrs

Allenatore	Coidse
Atleta	Athlete
Capacità	Comas
Ciclismo	Riochd
Corpo	Comhradh
Danza	Dannsa
Dieta	Daithead
Forza	Neart
Jogging	Jogging
Massimizzare	Maximise
Metabolico	Metabolic
Muscoli	Muscles
Nutrizione	Beathachadh
Obiettivo	Amas
Ossa	Cnàmhan
Programma	Prògram
Salute	Slàinte
Sportivo	Spòrs

Sport
Spòrs

Allenatore	Coidse
Arbitro	Rèitear
Atleta	Athlete
Baseball	Baseball
Basket	Thathar
Bicicletta	Rothair
Campionato	Championship
Ginnastica	Gymnastics
Giocatore	Player
Gioco	Geama
Golf	Goilf
Hockey	Hocaidh
Movimento	Gluasad
Palestra	Gymnasium
Squadra	Sgioba
Stadio	Dheireadh
Tennis	Teanas
Vincitore	Taghaidh

Strumenti Musicali
Ionnsramaidean Ciùil

Arpa	Clàrsach
Banjo	Banjo
Chitarra	Giotàr
Clarinetto	Clarinet
Fagotto	Bassoon
Flauto	Flùr
Gong	Gong
Mandolino	Mandolin
Marimba	Marimba
Oboe	Oboe
Percussione	Faraim
Pianoforte	Piano
Sassofono	Sacsafon
Tamburello	Tambairin
Tamburo	Drum
Tromba	Trumpet
Trombone	Trompan
Violino	Violin
Violoncello	Cello

Tecnologia
Teicneòlas

Blog	Blog
Browser	Bhrabhsair
Byte	Bytes
Computer	Rannsachadh
Cursore	Cursor
Dati	Dàta
Digitale	Didseatach
File	Faidhle
Font	Cruth-Clò
Internet	Eadar-Lìon
Messaggio	Fear-Tathaich
Schermo	Sgrìn
Sicurezza	Dèanamh
Software	Bathar-Bog
Statistiche	Statistics
Telecamera	Camara
Virtuale	Mas-Fhìor
Virus	Virus

Tempo
Uair

Anno	Bliadhna
Annuale	Bliadhnail
Calendario	Mìosachan
Decennio	Deichead
Dopo	A-Mhàin
Futuro	Àm ri Teachd
Giorno	Latha
Ieri	An-Dè
Mattina	Madainn
Mese	Mìos
Mezzogiorno	Chan Eil
Minuto	Mionaid
Notte	Oidhche
Oggi	An-Diugh
Ora	Uair
Orologio	Cloc
Presto	Urnaigh
Prima	Mus
Secolo	Linn
Settimana	Seachdain

Tipi di Capelli
Seòrsan Fuilt

Bianco	Geal
Biondo	Blar
Breve	Goirid
Calvo	Bald
Colorato	Dathte
Grigio	Glas
Intrecciato	Pleatach
Liscio	Mìn
Lucido	Shiny
Lungo	Fad
Marrone	Donn
Morbido	Soft
Nero	Dubh
Ondulato	Mfu
Riccio	Curly
Riccioli	Curls
Sano	Slàinte
Sottile	Thin
Spessore	Tiugh
Trecce	Braid

Uccelli
Eòin

Anatra	Tunnag
Aquila	Eagle
Cicogna	Stork
Cigno	Eala
Colomba	Dove
Corvo	Raven
Cuculo	Chuthag
Falco	Hawk
Fenicottero	Flamingo
Gabbiano	Gull
Oca	Goose
Pappagallo	Parrot
Passero	Emma
Pavone	Peacog
Pellicano	Pelican
Piccione	Pigeon
Pollo	Cearc
Struzzo	Ostrich
Tucano	Toucan
Uovo	Ugh

Universo
Cruinne-Cè

Asteroide	Asteroid
Astronomia	Astronomy
Astronomo	Astronomer
Atmosfera	An Àrd-Bhaile
Buio	Darkness
Celeste	Celestial
Cielo	Sky
Cosmico	Cosmic
Emisfero	Hemisphere
Galassia	Galaxy
Latitudine	Domhan-Leud
Longitudine	Domhan-Fhad
Luna	Moon
Orbita	Reul-Chuairt
Orizzonte	Ma
Solare	Panalan
Solstizio	Solstice
Telescopio	Le
Visibile	A Shealltainn
Zodiaco	Zodiac

Vacanze #2
Làithean-Saora # 2

Aeroporto	Airport
Campeggio	Campadh
Destinazione	Cheann-Uidhe
Foto	Dealbhan
Hotel	Taigh-Òsta
Isola	Eilean
Mappa	Air a ' Mhapa
Mare	Sea
Passaporto	Passport
Prenotazioni	Molaidhean
Spiaggia	Beach
Straniero	Foreigner
Taxi	Tacsaidh
Tempo Libero	Cur-Seachadan
Tenda	Tent
Trasporto	Còmhdhail
Treno	Trèan
Vacanza	Laoidh
Viaggio	Turas
Visto	Visa

Veicoli
Carbadan

Aereo	Adhbrann
Auto	Càr
Autobus	Bus
Barca	Bàta
Bicicletta	Rothair
Camion	Làraidh
Caravan	Caravan
Elicottero	Heileacoptair
Metropolitana	Subway
Motore	Co
Navetta	Shuttle
Pneumatici	Tires
Razzo	Rocaid
Scooter	Scooter
Sottomarino	Submarine
Taxi	Tacsaidh
Traghetto	Ferry
Trattore	Tractar
Treno	Trèan
Zattera	Raft

Verdure
Ghlasraich

Broccolo	Broccoli
Carciofo	Artichoke
Carota	Curran
Cetriolo	Cucumber
Cipolla	Onion
Fungo	Mushroom
Insalata	Buileann
Melanzana	Eggplant
Oliva	Olive
Patata	Bith
Pisello	Pea
Pomodoro	Tomato
Prezzemolo	Parsley
Rapa	Turnip
Ravanello	Radish
Scalogno	Shallot
Sedano	Celery
Spinaci	Sliasaid
Zenzero	Ginger
Zucca	Pumpkin

Vestiti
Aodach

Abito	Doctor
Braccialetto	Bracelet
Camicetta	Blouse
Camicia	Lèine
Cappello	Ad
Cappotto	Mapa
Cintura	Na H-Alba
Collana	Necklace
Giacca	Seacaid
Gonna	Sìos
Grembiule	Apron
Guanti	Gloves
Jeans	Jeans
Maglione	Sweater
Moda	Fasain
Pantaloni	Pants
Pigiama	Pajamas
Sandali	Sandals
Scarpa	Shoe
Sciarpa	Scarf

Congratulazioni

Ce l'hai fatta!

Speriamo che questo libro vi sia piaciuto tanto quanto a noi è piaciuto concepirlo. Ci sforziamo di creare libri della più alta qualità possibile.
Questa edizione è progettata per fornire un apprendimento intelligente, di qualità e divertente!

Le è piaciuto questo libro?

Una Semplice Richiesta

Questi libri esistono grazie alle recensioni che pubblicate.

Puoi aiutarci lasciando una recensione
ora a questo link ?

BestBooksActivity.com/Recensioni50

SFIDA FINALE!

Sfida n°1

Sei pronto per il tuo gioco gratuito? Li usiamo sempre, ma non sono
così facili da trovare - ecco i **Sinonimi!**
Scrivi 5 parole che hai trovato nei puzzle (n° 21, n° 36, n° 76) e prova a
trovare 2 sinonimi per ogni parola.

Scrivi 5 parole del *Puzzle 21*

Parole	Sinonimo 1	Sinonimo 2

Scrivi 5 parole del *Puzzle 36*

Parole	Sinonimo 1	Sinonimo 2

Scrivi 5 parole del *Puzzle 76*

Parole	Sinonimo 1	Sinonimo 2

Sfida n°2

Ora che ti sei riscaldato, scrivi 5 parole che hai trovato nei puzzle n° 9, n° 17 e n° 25 e cerca di trovare 2 contrari per ogni parola. Quanti ne puoi trovare in 20 minuti?

*Scrivi 5 parole del **Puzzle 9***

Parole	Antonimo 1	Antonimo 2

*Scrivi 5 parole del **Puzzle 17***

Parole	Antonimo 1	Antonimo 2

*Scrivi 5 parole del **Puzzle 25***

Parole	Antonimo 1	Antonimo 2

Sfida n°3

Grande! Questa sfida non è niente per te!

Pronto per la sfida finale? Scegli 10 parole che hai scoperto nei diversi puzzle e scrivile qui sotto.

1.	6.
2.	7.
3.	8.
4.	9.
5.	10.

Ora scrivi un testo pensando a una persona, un animale o un luogo che ti piace.

Puoi usare l'ultima pagina di questo libro come bozza.

La tua composizione:

TACCUINO:

A PRESTO!

Tutta la Squadra

SCOPRIRE
GIOCHI
GRATIS

GO

↓

BESTACTIVITYBOOKS.COM/FREEGAMES